KB037428

수학은 상상

고등과학원 수학부 김상현 교수의

수학은 상상

김상현 지음

EBS BOOKS

호기심에 눈뜬 딸, 이서에게

수학, 그 기막힌 상상

"수학자는 무엇을 하며 사나요?"

어색한 내 소개 후 종종 듣게 되는 질문이다. 처음 나간 동아리에서, 누군가를 소개받은 자리에서, 여행 중 좁은 좌석의 비행기에서. 누구는 세상과 담 쌓고 사는 듯한 이 직업을 진심으로 걱정해주기도 한다. 그런데 대부분은, 자신이 알던 학창 시절의 수학이 어떻게 직업이 될 수 있는지 진심으로 궁금해한다. 사실은 나 역시 좋은 답을 떠올리지 못할 때가 많다.

고등학교 때까지 나에게 수학적 진리는 언제나 확고하고 영원해 보였다. 그러한 진리를 추구하는 것이 수학자가 하는 일이라 생각하였다. 그런데 대학에서 논리학을 배우고 나니, 모든 수학적 진리라는 것이 결국 논리 기호들의 나열에 불과하였다. 언어 역시 기호이지만 적어도 사람에 대한 생각을 담을 수가 있는데, 수학 기호의 나열에서는 아름다움이나 사랑처럼 인간에게 의미 있는 가치를 찾을 수 없었다. 과연 나의 인생을 이런 기호나 나열하는 퍼즐에 바쳐도 되는 것일까.

이런 회의에서 벗어나기 시작한 것은, 공부가 조금씩 깊어지면서 느껴지기 시작한 선배 수학자들의 숨결 때문이다. 사실 피상적으로 읽는 수학책은 마른 나뭇가지처럼 맛없고 딱딱하다. 정의와 정리와 증명과 예제, 이 네 가지가 끊임없이 반복되면서 바늘 하나 들어갈 구석을 허용하지 않는 완벽한 논리 체계로 구성되어 있다. 하지만 알고 보니, 그런 수학이 사실은 누군가의 마음속에 떠올랐던 아름다운 그림의 표현이었다. 사람의 마음을 그대로 복제할 수는 없기에, 그런 그림을 전달하는 유일한 방법이 수학책에 보이는 함축적인 기호와 언어였던 것이다.

길고 깊이 있는 생각을 하나로 꿰어서 오래된 난제를 풀어낸 분, 수천여 년 동안 공부해 온 수학적 대상을 전혀 새롭게 바라보는 방법을 제시한 분, 앞으로 수세기 동안 인류가 곱씹어 볼 영감을 제공하신 분. 이 사람들은 도대체 어떻게 이런 멋진 생각을 해내었을까. 자세히 들여다보면 수학이란 신비하고 매력적인 상상의 향연이었다. 수학자들의 생각을 통하여 인류가 세상 속에서 재미와 질

...

서를 찾아내 왔다는 것을 알고 나니, 나 역시 그 상상 하나하나에 매료되기 시작하였다.

수학 공부를 직업으로 삼고 있는 지금까지도 수학을 어떻게 정의해야 하는지 알지 못한다. 누구는 영속하는 진리의 추구를 수학의 본질로 이야기하지만, 태양계의 수명이 다하게 되면 수학도 인류와 함께 사라질 것이다. 누구는 논리적 완벽함을 말하겠지만, 역사적으로 대부분의 수학은 현대 논리학의 관점에서 엄밀하지 않았다. 다만 수학은 수학자들의 마음속에 있는 아름다운 그림으로서 고대로부터 전해져 왔고, 이는 수학자들의 상상으로 더욱 풍성해졌다.

이 책에서는 인류의 역사를 통하여 수학자들이 해 온 것, 그리고 하고 싶어 하는 것을 소개하고자 한다. 특히 수학에 얽힌 이야기나 그 쓸모보다는 수학자의 마음에 떠올랐던 생각 그 자체를 소개하려 한다. 이 하나하나의 생각은 모두 놀랍고 혁명적이어서 인류의 역사를 바꾸었다. 그러니 가능한 한 천천히, 더욱 천천히, 차분하게 그 깊은 아이디어를 음미해 보면 좋을 것이다.

인류 문명의 발전에서 가장 큰 역할을 한 인간의 연구 도구는 감정, 바로 호기심이라고 생각한다. 끊임없이 궁금해하고, 발견을 기뻐하며, 질서를 아름답게 생각하는 마음. 맑은 눈으로 세상을 차분하게 바라본다면, 우리 모두 마음 깊은 곳에서 호기심이라는 강력한 사고의 수단을 되찾을 수 있을 것이다. 그리고, 수학자가 탄성을 내지를 수밖에 없었던 아름다운 상상이 우리 마음에도 하나둘 별처럼 떠오르게 될 것이다.

2021년 9월

김상현

1부

수와 상상

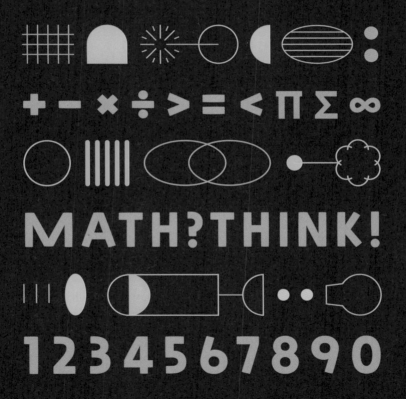

에라토스테네스의 체에서
리만 가설까지

: 소수의 발견

수, 익숙하면서도 낯선

수란 무엇일까?

하나, 둘, 셋…처럼 무언가의 개수를 센다고 상상해 보자. 이 **셈**이라는 것은 손가락을 차례차례 굽히는 행위인가? 아니면 사과나 딸기 같은 셈의 대상을 마음속에 그리는 것인가?

똑같은 과일이 여러 개 있거나, 아니면 서로 다른 과일이 이것저것 섞여 있을 때 모두 우리는 셀 수 있다. 성취나 책임처럼 추상적인 것들도 세고는 한다. 영어로 one, two, three, 아니면 독일어로 ein, zwei, drei처럼 세기도 한다. 이런 셈을 통해 우리는 도대체 무엇을 하고 있는 것일까?

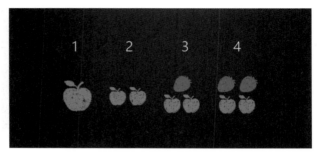

센다는 것은 무엇일까?

조금 생각해 보면, 우리는 우리 주위의 세계를 **수**라는 추상적인 개념과 대응시키고 있음을 알 수 있다. 과일이 한 개, 두 개, 세 개, 네 개가 눈에 보인다면, 1, 2, 3, 4라는 수의 이름을 각각에 붙이는 것이다.

그리고 각각의 수는 1, 하나, one, ein처럼 사람에 따라 부르는 이름이 다를 수 있어도 그 의미는 항상 동일한 보편적인 개념이다. 다시 말해, 우리 모두는 셈을 통하여 세상에 존재하는 것들을 **추상화**시키고 있었다!

이렇게 1, 2, 3, …처럼 셈을 하는 데 사용하는 수를 수학자들은 **자연수**, 혹은 양의 정수라고 부른다. 하지만 자연수 말고도 많은 수가 있다. 당장 0과 **음의 정수**(-1, -2, …)라는 수를 도입함으로써 우리는 많은 계산을 체계적으로 할 수 있다. 그리고 분수로 표현 가능한 수, 즉 0.5(= 1/2), $-2/3$과 같은 **유리수**가 있다.

2의 제곱근과 직각삼각형

한편 수 중에는 분수로 절대 표현할 수 없는 **무리수**도 있다. 밑변과 높이가 1인 직각삼각형의 빗변의 길이인 2의 제곱근이 그러한 수이다.

원주율 $\pi = 3.1415926\cdots$을 들어 봤을 것이다. 지름 1인 두루마리 휴지를 한 바퀴 굴리면 펴지는 휴지의 길이이다. 스위스의 수학자 요한 람베르트(1728~1777)는 원주율 π 역시 무리수라는 것을 처음 증명하였다.

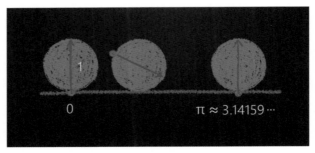

원주율 π

센다는 것, 즉 자연수가 실재하는 여러 물건의 추상화였다면, 나머지 음의 정수, 유리수, 무리수는 무엇을 의미할까? 사실 이러한 수들은 우리가 사는 세상에서 찾아보기 어렵다. 예를 들어, 아무리 잘 그린 지름 1인 원도 전자현미경으로 확대하면 삐뚤빼뚤해 보인다. 그래서 그 둘레도 정확한 π가 아니게 된다. 그렇다면 이러한 수들은 어디에 있는 것일까?

이러한 질문에 대한 수학자의 대답은, **수직선**(real line)이라 불리는 직선의 존재로부터 출발하는 것이다(이러한 직선의 존재를 의심하는 것도 좋은 질문이겠지만, 그 질문은 여기서 생각하지 않겠다). 끝없이 뻗은 이 수직선 위의 어떤 두 점에 0과 1이라는 표식이 그려져 있다.

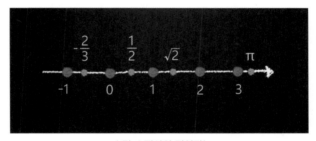

수란 수직선의 점이다!

이때 우리는 수직선 위 각각의 점을 모두 **수**, 좀 더 정확하게는 **실수**(real number)라고 부른다. 각각의 수는 이름이 있는데, 0과 1

이라는 표식이 있는 이 두 점의 이름은 바로 0과 1이다. 0에서 1까지 움직인 만큼을 1에서 더 움직이면 2라는 이름의 점에 도달한다. 이렇게 3, 4, 5, … 등 모든 자연수를 얻는 것이다. 반대쪽으로 가면 음의 정수로 가고, 2등분, 3등분 등을 이용하여 모든 유리수를 얻는다.

그리고 잠깐 이야기했듯 유리수가 아닌 수, 즉 무리수가 수직선 위에 아주 많이 숨어 있다. 사실, 우주가 자연수의 비율로 이루어져 있다고 생각한 기원전 6세기의 피타고라스 학파에서는 이러한 무리수의 존재를 믿지 않았다. 심지어 같은 학파의 히파수스(기원전 530~450)는 2의 제곱근이 무리수임을 발견해서 암살되었다는 전설이 있을 정도다. 물론 현대 수학에서 무리수의 존재를 의심하는 사람은 없다.

이제 우리는 처음의 질문에 대답할 수 있게 되었다. 수란 수직선 위의 모든 점이고, 자연수는 그중에서도 0에서 시작하여 같은 방향으로 일정한 거리만큼 움직이면서 들르게 되는 1, 2, 3, … 같은 수이다. 그리고 센다는 것은, 물건이건 개념이건 어떤 대상과 자연수 사이의 대응 관계이다.

히파수스

자연수의 조립 부품인 소수

이렇게 수에 대한 이해는 자연수로부터 출발한다. 우리가 아주 어렸을 때를 생각해 보면, 자연수를 세는 것부터가 큰 도전이었다. 1, 2, 3, 4, 5, … 누가누가 더 큰 숫자까지 셀 수 있는지 친구끼리 서로 경쟁을 하기도 한다. 너 몇까지 셀 줄 알아? 이런 질문에 조금 똑똑한 친구는 "난 네가 센 거 더하기 1까지 셀 수 있어"라고 반격하기도 한다. 나의 동료 중에는 매일 출퇴근할 때마다 틈틈이 세어 2주 만에 20만까지 세어 보았다고 자랑스럽게 이야기한 수학자도 있었다.

이렇게 많이 세는 것도 자연수에 대하여 아는 한 방법일 것이다. 직접 세었다면 그 수가 존재한다는 것을 아는 것이니까. 하지만 자연수는 무한히 많아 다 셀 수는 없다. 그럼 무한한 대상은 알 수 없는 채로 남겨 둬야 하는 걸까. 이렇게 무한한 대상에 대하여 알고 싶을 때는, 각각의 개체보다는 그들 사이의 관계를 아는 것이 종종 더 유용하다.

자연수 집합에 줄 수 있는 관계로는 우선 **덧셈**이 있다. 우리는 수를 수직선 위의 점으로 정의했다. 그렇다면 $1 + 2 = 3$이라는 관계는 무엇일까? 0에서 1까지 간 만큼, 1에서 두 번 오른쪽으로 가면 3이라는 수에 도달하게 된다는 것을 의미한다.

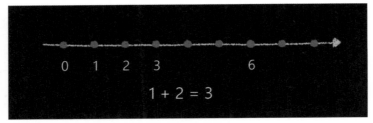

1+2=3의 의미는?

그리고 **곱셈**의 구조도 있다. 2 × 3 = 6의 의미는 0에서 2까지 간 만큼의 거리(2)를 세 번 이동(×3)하면 0에서 출발하여 6에 도달한다는 것이다. 이 관계에 대하여 우리는 나누는 수 2와 3을 6의 **약수**라고 부르고, 반대로 6을 2와 3의 **배수**라고 부른다.

그래서 수학자들은 많이 세는 것보다 자연수 사이의 관계와 구조를 이해하고 싶어한다. 만일 수학을 건축에 비유한다면, 건축가가 각 부분의 길이나 하중을 측정하는 것보다 전체적인 모습을 보고, 기둥의 개수가 몇 개인지, 지붕과 기둥이 닿는 부분은 어떻게 생겼는지를 먼저 살피는 것처럼 근본적이면서 불변하는 구조를 알고 싶어하는 것이다.

이러한 구조를 이해하기 위하여 먼저 자연수를 한번 쭉 써 보겠다. 이제 다음 그림 (a)처럼 제일 먼저 나온 수에 동그라미를 쳐 보자. 이 경우 2가 된다. 그다음에 2의 배수를 다 지운다. 4, 6, 8, 10 등의 짝수를 지운다는 의미이다.

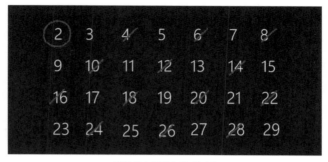

에라토스테네스의 체 (a)

에라토스테네스의 체 (b)

에라토스테네스의 체 (c)

이제 그림 (b)처럼 남아 있는 수 중 가장 작은 수인 3에 동그라미를 치고 뒤에 나오는 3의 배수를 모두 지운다. 6은 이미 지워졌고, 9, 12, 15 등을 지운다. 아직 남아 있는 수 중에서 가장 작은 수가 무엇인가? 5이다. 이때 5에 원을 그리고, 그의 배수를 지운다. 이렇게 반복하면 그림 (c)처럼 동그라미가 그려진 수는 2, 3, 5, 7, 11, 13, 17, 19, 23, …과 같이 남는다. 이 수들이 자연수의 구조를 이해하는 비밀의 열쇠, **소수**이다.

이와 같은 그림은 그 발견자의 이름을 따서 **에라토스테네스의 체**라고 불린다. 기원전 300년경 그리스에서 활동하던 에라토스테네스는 막대기의 그림자를 가지고 지구의 둘레를 정확하게 측정한 물리학자이기도 하다. 놀랍게도 이 에라토스테네스의 체는 지금도 소수를 찾는 가장 빠른 방법으로 이용되고 있다.

이제 소수를 얻었다. 그러면 신기하게도 모든 자연수를 소수들의 곱으로 표현할 수 있다. 예를 들어서 36이란 자연수가 주어지면 최대한 잘게 약수들로 나눠 볼 수가 있다. $4 \times 9 = 36$을 한번 생각해 보자. 그런데 4나 9는 다시 또 나눌 수가 있다. $4 = 2 \times 2$이고 $9 = 3 \times 3$이다. 그래서 $36 = 4 \times 9 = 2 \times 2 \times 3 \times 3$으로 쓸 수 있고, 이제 더 이상 나눌 수가 없다.

소수는 자연수의 조립 부품처럼 이해할 수 있다. 모든 자연수는 부품인 소수들의 곱으로 쓸 수 있고, 어떠한 방법으로 쓰더라도 나타나는 소수의 종류와 개수는 같다. 예를 들어, 36을 소수들의 곱으로 쓰는 방법은 여러 가지가 있지만 모두 2가 두 번, 3이 두 번 나타난다.

$$36 = 2 \times 2 \times 3 \times 3 = 2 \times 3 \times 2 \times 3 = 3 \times 3 \times 2 \times 2$$

마치 조립 장난감을 분해하여 바닥에 늘어놓으면, 부품의 순서는 바꿀 수 있어도 부품의 종류와 개수는 바뀌지 않는 것과 같다. 이 성질을 **소인수 분해의 유일성**이라 한다.

소수는 얼마나 자주 나올까

소수가 무한히 많다는 것을 증명하는 것은 기원전 3세기 유클리드 시절까지 거슬러 갈 수 있다. 하지만 그 소수가 얼마나 자주, 어떤 규칙으로 나오는지에 대해서는 거의 아는 게 없었다. 다음에 볼 그림과 같이 수를 나열하고 소수에 표시를 한 모양에는 어떠한 규칙도 찾기 어려웠다.

한 가지 알 수 있는 것은 소수가 생각보다 꾸준하게 계속 나온다는 것이다. 아주 긴 구간 동안 소수가 한 번도 안 나오는 일은 거

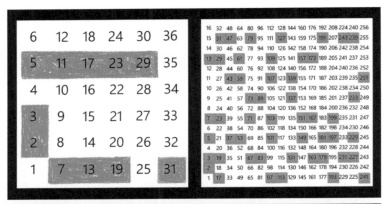

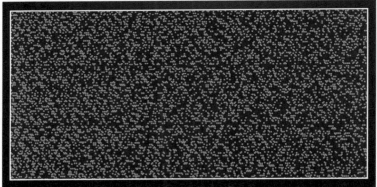

소수의 분포. 마지막 그림은 80,000 이하의 수 중에서 소수를 초록색으로 칠한 것이다. 도대체 여기에 어떤 규칙이 있을까? 반복되는 모양을 찾아보는 것도 재미있을 것이다.

의 없다. 이와 관련하여서, 조제프 베르트랑(1822~1900)은 1보다 큰 임의의 자연수 N을 잡아도 N과 2N 사이에는 반드시 소수가 있다는 추측을 했다. 이것을 **베르트랑의 추측**이라 한다. 예를 들어서 2와 4 사이에는 3이 있다. 혹은 100과 200 사이에는 101, 103 등 소수가 많이 있다.

사실 어떻게 보면 당연한 결과이다. N이 굉장히 큰 수, 예를 들어 10억이라면 10억과 20억은 매우 많이 벌어져 있으니까 당연히 소수가 있지 않을까? 그렇지만 이러한 추측을 증명하기 위해서는 자연수에 대한 깊은 이해가 필요하다. 실제 베르트랑의 추측을 증명한 것은 1852년 러시아의 수학자 파프누티 체비쇼프(1821~1894)이다. 체비쇼프는 '데이터가 주어졌을 때 평균에서 먼 값은 드물게 나타난다'라는 법칙인 체비쇼프 부등식을 발견하여 통계학에 지대한 공헌을 하기도 하였다.

소수의 분포에 대한 현대 수학의 관점이 획기적으로 바뀌기 시작한 것은 이보다 앞선 18세기 스위스의 수학자 레온하르트 오일러(1707~1783)의 발견 덕분이다.

오일러는 살아 있을 때 500편 이상, 사후 400편 이상의 논문을 출간했다고 한다. 심지어 18세기 중반 유럽 전체에 나온 수학, 물리, 공학 분야 논문 중 3분의 1 이상을 오일러 한 사람이 썼다고 할 정도이니, 그의 열정과 노력은 상상을 초월한다 할 만하다.

레온하르트 오일러

오일러는 유명한 난제였던 **바젤 문제**를 해결하였다. 이 문제는 다음의 합을 정확하게 계산하라는 것인데, 1650년 이탈리아의 수학자 피에트로 멩골리(1667~1748)가 제안한 이후 80여 년간 당대 최고의 수학자들이 고민하던 문제였다. 바젤대학에 근무하던 형제 수학자 야코프 베르누이와 요한 베르누이가 수학계에 정식으로 제안하여 바젤 문제라고 불린다.

$$\frac{1}{1^2} + \frac{1}{2^2} + \frac{1}{3^2} + \frac{1}{4^2} + \frac{1}{5^2} + \cdots$$

당시 27살의 오일러는 삼각함수의 성질을 이용하여 이 합이 정확하게 원주율의 제곱을 6으로 나눈 값이라는 것을 밝혀 학계에 충격을 주었다. 게다가 오일러는 일반적인 합 $\zeta(s) = \frac{1}{1^s} + \frac{1}{2^s} + \frac{1}{3^s} + \frac{1}{4^s} + \frac{1}{5^s} + \cdots$ 을 s에 대한 함수로 생각하였고, 이 함수가 소수의 분포와 밀접한 관계를 가짐을 보였다. 여기서 ζ는 그리스 문자로 제타라고 읽는다.

오일러의 발견은 약 100년이 지난 1859년경 독일의 베른하르트 리만(1826~1866)에 의해서 새로운 주목을 받게 된다.

리만은 19세기의 걸출한 수학자인데, 주된 업적은 추상적인 공간에서 미적분을 할 수 있도록 하는 도구인 리만 기하학을 창시한 것이다. 그러한 리만 기하학을 통하여 물리학자들은 공간이 휜다

베른하르트 리만과 그의 1859년 논문

는 개념을 정확하게 기술할 수 있었고, 결국 아인슈타인의 상대성 이론이 탄생할 수 있는 수학적 기반을 얻었다.

한편 리만은 자연수의 성질에 대하여서는 단 한 편의 논문을 1859년에 썼다. 리만의 마지막 업적이기도 한 4쪽짜리 초소형 논문인데, 그 내용이 오묘하여 수학자들이 아직까지도 다 이해하지 못하고 있다.

이 논문에서 리만은 제타함수의 *s*가 복소수인 경우까지 생각하였고, 소수의 분포에 대한 비밀이 이 제타함수 속에 숨겨져 있다는 놀라운 발견을 담았다. 사실 **제타함수**라는 이름도 리만이 붙인 것이다. 그의 발견을 조금 더 알아보자.

1에서 x까지의 자연수 중에 소수는 전부 몇 개가 있을까? 예를 들어, $x=3$이라면 1, 2, 3 중에 소수는 2, 3의 두 개이다. 만일 $x=5$라면 2, 3, 5로서 모두 세 개가 있다.

자연수들의 모임에서 소수가 얼마나 자주 나오는지, 그 1과 x 사이의 소수의 개수 $p(x)$를 아는 것은 수학자들의 오랜 열망이었다. 그런데 리만은 이 개수가 그래프 $y = 1/\ln x$ 아래의 넓이 $q(x)$와 아주 비슷하다는 가설을 그의 논문에 담았다(여기서 $\ln x$는 "자연로그함수"라고 부르는데 수학자들이 오랫동안 친숙하게 알고 있던 대상이었다).

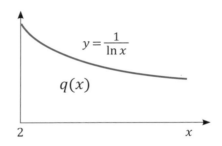

두 함수 값을 여러 개의 x에서 계산해 보면 아래와 같다.

x	10	100	200	300	1000	2000	3000	10000	20000
$p(x)$	4	25	46	62	168	303	430	1229	2262
$q(x)$	5.11	29.1	49.1	67.3	176.6	313.8	441.7	1245.1	2287.6

제법 비슷해 보인다. 두 함수의 그래프를 그려 보면 비슷함이 더욱 극명하다.

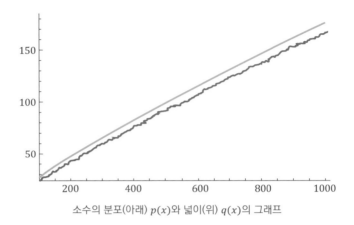

소수의 분포(아래) $p(x)$와 넓이(위) $q(x)$의 그래프

조금 정확히 말하자면, 리만의 가설은 소수의 개수 $p(x)$와 넓이 $q(x)$의 차이가 기껏해야 x의 제곱근보다 살짝 더 큰 정도라는 것이다. 이 두 함수의 차이를 한번 그려 보자.

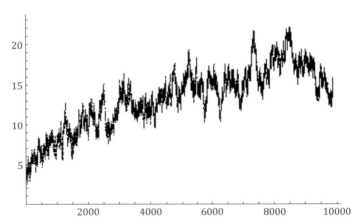

각각의 $x < 10,000$에 대하여 $q(x) - p(x)$의 값을 표시한 그래프. 아무 규칙도 없어 보이는 이 그림이 기껏해야 x의 제곱근 정도라는 것을 증명할 수 있을까?

리만의 아이디어는 당시로서 철저하게 동떨어져 있던 두 개의 분야를 융합하는 것이었다. 그는 복소수에 대한 연구와 자연수에 대한 연구를 동시에 이용하였고, 이로써 제타함수 속에 담긴 소수의 비밀을 찾아내었다. 학계에서는 이러한 이유로 리만을 오귀스탱 루이 코쉬(1789~1857), 카를 바이어슈트라스(1815~1897)와 함께 **복소수 함수이론**의 창시자 3인 중 하나로 평가하기도 한다. 그리고 이 과정에서 얻어 낸 추측은 **리만 가설**이라는 유명한 미해결 문제로 현재까지 남게 된다.

소수가 어떻게 증가하는지, 분모가 n 이하인 유리수는 얼마나 고르게 분포하고 있는지(3장 참조) 등 리만 가설을 통하여 얻을 수 있는 정보는 무궁무진하다. 리만은 이 가설이 사실일 것 같지만 엄밀한 증명이 필요하다고 썼다. 그 뒤로 수많은 수학자가 소수의 분포에 대한 엄청난 비밀을 간직하고 있는 이 리만 가설을 풀려고 하였다.

그 후 약 40년이 지나서 자크 아다마르(1865~1963), 그리고 샤를장 드 라 발레푸생(1866~1962)이라는 두 수학자는 이 리만 가설 중 일부를 풀었다. **소수정리**라 불리는 이 두 사람의 업적은, $p(x)$와 $q(x)$의 차이가 x보다 작다는 내용이다. 이제 이 차이를 대략 x의 제곱근까지 떨어뜨리는 것이 리만 가설을 향한 수학자의 목표이다.

많은 수학자는 이 소수정리를 19세기까지 인류가 이룩한 모든 수학 문명의 집약체라고 부르기도 한다. 이 소수정리를 증명하는 데 그때까지 발전한 수학 문명의 거의 모든 테크닉과 지식이 사용되기 때문이다. 하지만 리만 가설 자체는 아직도 미지의 영역이고, 수많은 수학자가 가장 풀고 싶어하는 문제이다. 20세기 초 당시 가장 영향력 있는 수학자 힐베르트는 이 리만 가설에 대하여 이런 이야기를 했다고 한다. 만일 1,000년 동안 동면을 할 수 있다면 깨어나자마자 자신은 리만 가설이 풀렸는지가 가장 궁금할 것이라고.

소수를 향한 도전들

사실 리만 가설 외에도 소수의 분포에 대한 많은 신비한 추측은 현재 미제로 남아 있다. 그중에 하나는 스타니스와프 울람(1909~1984)이라는 수학자가 발견한 **울람의 나선**이다. 이 사람은 위상수학에서도 업적이 많지만 제2차 세계대전 당시에는 미국의 핵무기 개발에 참여해서 텔러-울람 디자인이라는 핵무기의 핵심 장치를 만들기도 하였다.

울람이 어느 날 학회에 갔는데 발표 내용이 너무 지겨웠다. 한

100	99	98	97	96	95	94	93	92	91
65	64	63	62	61	60	59	58	57	90
66	37	36	35	34	33	32	31	56	89
67	38	17	16	15	14	13	30	55	88
68	39	18	5	4	3	12	29	54	87
69	40	19	6	1	2	11	28	53	86
70	41	20	7	8	9	10	27	52	85
71	42	21	22	23	24	25	26	51	84
72	43	44	45	46	47	48	49	50	83
73	74	75	76	77	78	79	80	81	82

스타니스와프 울람   울람의 나선

시간짜리 발표를 다 듣고 있자니 지루해 종이에 장난을 쳤다고 한다. 사실 수학자에게는 이렇게 종이에 "끼적거리는" 시간이 굉장히 중요하다. 누군가의 결과를 단순히 감상하는 **참관자**에서 그 결과를 자기 마음속으로부터 다시 구성해 내는 **참여자**로 바뀌는 시간이기도 하다.

울람은 심심해서 수를 나선으로 쓰기 시작하였다. 1, 2, 3, 4, 5, 6, 7, 8, 9, … 이렇게 소용돌이 모양을 따라 써 보았다. 그리고 소수를 하나씩 표시하기 시작하였다. 재미있었는지 100까지 해 봤더니 뭔가 패턴이 보이기 시작하는 것이다. 대각선을 따라 많은 소수가 보이기 시작하였다.

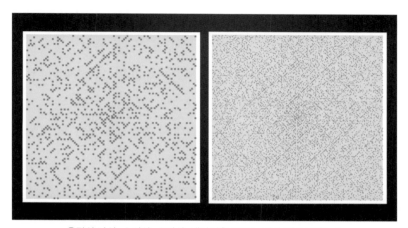

울람의 나선. 수직선, 수평선, 대각선을 따르는 많은 점이 보이는가

위의 그림은 4만과 16만까지의 수를 나선으로 나열하고 소수를 표시한 그림이다. 수직선, 수평선, 대각선을 따르는 많은 점이 보이는가?

울람은 왜 이렇게 많은 소수가 직선들을 이룰까 궁금하였다. 그리고 신기하게도, 그런 현상이 그보다 50년 전 에드문트 란다우(1877~1938)라는 수학자가 제시한 추측이라는 것을 알게 된다.

울람의 나선에서 대각선에 소수가 많이 나타나는 현상은 (약간의 계산을 하고 나면) 결국 $n^2 + 1$ 꼴의 소수가 무한히 많다는 추측으로 귀결된다. 예를 들어 보면 $2 = 1^2 + 1$, $5 = 2^2 + 1$, $17 = 4^2 + 1$과 같은 것이다. 이러한 소수가 무한히 많다는 것이 **란다우의 추측**

이다. 란다우의 추측 역시 등장한 이래 110년 가까이 지났지만 여전히 수학자들에게 어떻게 시작해야 될지 모를 어려운 문제로 남아 있다. 1998년에는 존 프리드랜더와 헨리크 이와니에크라는 두 수학자가 $n^2 + m^4$ 꼴의 소수가 무한히 많음을 증명하여 세상을 놀라게 하였으나, 여전히 란다우의 추측까지는 가야 할 길이 멀다.

또 다른 난제로는 **쌍둥이 소수 추측**이 있다. $(3, 5)$, $(5, 7)$, $(11, 13)$, $(41, 43)$처럼 정확히 2만큼 차이 나는 소수의 쌍이 무한히 많다는 추측이다. 1994년에는 토마스 나이슬리라는 수학자가 쌍둥이 소수 추측에 관련된 계산을 하는 과정에서 인텔 컴퓨터 칩의 오류를 찾아내어 인텔사에 알렸다고 한다. 펜티엄 칩의 **부동나눗셈 IV 버그**라 불리는 오동작인데 나눗셈을 계산할 때 대략 90억분의 1의 확률로 오답을 출력했다고 한다.

2013년에는 수학자 이탕 장(1955~)에 의하여 차이가 7000만 이하인 소수의 쌍이 무한히 많다는 것이 밝혀졌다. 비록 2 이하인 소수 쌍에 대한 정리는 아니지만, 유한한 차이에 대한 첫 결과라서 학계의 큰 뉴스가 되었다. 이 7000만이라는 차이는 현재 제임스 메이너드(1987~)란 수학자에 의하여 600까지 줄어들었다.

이번 장에서는 하나, 둘, 셋, 넷, 다섯, …과 같이 세는 것에서부터 그 자연수의 조립 부품인 소수와 그 분포에 대한 이야기를 해 보았다. 소수에 대한 우리의 지식은, 그것이 무한히 많음을 증명한 유클리드의 아이디어에서 시작하여 베르트랑 추측, 아다마르-발레푸생의 소수정리, 리만 가설에 이르기까지 인류가 이룩해 낸 찬란한 문명의 유산 중 하나이다.

칼 세이건이 쓴 『컨택트』라는 소설이 있다. 영화로도 제작되었는데, 그 가운데 이런 장면이 있다. 어쩌면 존재할지도 모르는 외계의 지적 생명체에게 신호를 보내고 싶을 때, 우리가 지적 문명을 가진 생명체이고, 당신들과 통신을 하고 싶다는 신호를 어떻게 먼 거리까지 보낼 수 있을까. 칼 세이건의 제안은 소수를 신호로 보내자는 것이었다. 지적 생명체라면 2, 3, 5, 7, 11, …과 같이 소수로 보내는 신호를 반드시 인위적인 문명의 증거로 받아들일 것이라는 것이다.

이렇게 우리 문명의 중요한 기반을 이루는 수학, 그 수학의 근본에 있는 자연수, 그 자연수의 구성 부품인 소수에 대한 인류의 이해는 지금도 활발하게 발전하고 있으며 또 후손에게 많은 숙제를 남겨 주고 있다.

이탕 장(1955~)은 중국에서 태어나 미국에서 활동하고 있는 수학자이다. 어린 시절 그는 중국의 시골에 살았는데 형편이 어려워 고등학교도 다니지 못하고 단순노동을 하며 자랐다고 한다. 그러던 중 차츰 공부에 뜻을 두고 24살 나이에 베이징대학 수학과에 입학하게 된다. 졸업 후, 우수한 중국 학생들을 미국에서 교육시키려는 재미 중국 수학자들의 프로젝트에 힘입어 퍼듀대학 박사과정에 전액 장학생으로 입학하게 된다.

하지만 항상 어려운 난제에만 도전하던 그는 실제로 성취한 업적이 거의 없어서 수학계에서 직장을 구하지 못한다. 37살이 되던 해에 박사학위를 받기는 했지만 그 뒤로는 모텔이나 샌드위치 가게 점원, 식당의 배달부로 이런저런 일을 하면서 가끔씩 대학에서 강의만 하였다고 한다. 이런 과정에서 주위 대부분 사람과 연락이 끊기고 심지어 중국의 가족도 그를 찾고자 퍼듀대학에 연락을 하는 지경에 이르렀다.

그렇게 오랫동안 수학계에서 떨어져 살던 그가, 2013년 4월 갑자기 쌍둥이 소수 추측에 대한 초대형 결과를 조용히 인터넷에 발표한다. 미국의 수학자 헨리크 이와니에크를 비롯한 많은 권위 있는 정수론 전문가가 그의 결과를 검증하자 처음 반신반의하던 사람들은 충격에 빠졌다. 그리고, 누군가의 어떠한 인정 없이도 혼자만의 수학을 묵묵히 발전시켜 결실을 맺은 그를 수학자들은 존경의 눈으로 바라보게 되었다.

무한에도 크기가 있을까?

: 칸토어의 낙원과 상상의 힘

칸토어의 낙원

수학의 본질은 그 자유함에 있다.

수학자 게오르크 칸토어(1845~1918)의 말이다. 20세기 초 수학
계에는 많은 논쟁이 있었는데, 그 중심에는 칸토어가 창조한 개념
인 무한이 있었다. 무한끼리 크기를 비교하거나 더하고 곱할 수 있
다는 혁명적인 개념이다. 이를 이용하면 그때까지 풀 수 없었던 많
은 문제를 풀 수 있게 되는데, 이 개념이 워낙 추상적이고 비직관
적인 탓에 많은 수학자, 철학자의 반감을 사게 된다. 특히 독일 수
학자 레오폴트 크로네커(1823~1891)는 칸토어의 이론을 "철학인지
신학인지는 모르겠으나 수학이 아닌 것은 분명하다"라고 호되게

게오르크 칸토어   다비트 힐베르트

비난하였다. 수학 저널 《액타 매스매티카》의 창간인이자 편집장이었던 괴스타 미탁-레플러(1846~1927)는 칸토어의 논문을 읽고 "당신의 논문은 100년쯤 앞서가는 것 같다"면서 칸토어에게 투고를 철회하라고 하였다. 이에 칸토어는 "1984년까지 기다리기는 어렵다"며 다시는 이 저널에 투고를 하지 않았다. 이런저런 수난 끝에 칸토어는 마흔이 되지 않아 수학을 거의 놓게 되었고 우울증으로 정신병원에서 입원과 퇴원을 반복하다 사망하게 된다.

이 당시 가장 영향력 있던 젊은 수학자 다비트 힐베르트(1862~1943)는 이 논쟁에서 다음과 같은 말을 남긴다.

어느 누구도 칸토어가 창조한 낙원에서 우리를 떠나게 만들 수는 없다.

어떠한 반발에도 불구하고 칸토어의 무한을 수학에 받아들여서 그 지평을 넓혀야 한다는 옹호의 말이었다. 실제로 힐베르트는 칸토어의 무한을 포함한 새로운 수학을 엄밀한 논리의 토대에 올려 놓으려는 형식주의(formalism)를 제창하였다. 그리고 수학자는 자기 마음속에 건설할 수 있는 것만을 다뤄야 한다는 L. E. J. 브라우어(1881~1966)의 직관주의(intuitionism)와 극렬하게 대립하게 된다. 이번 장에서는 이러한 논쟁의 촉발점이 된 칸토어의 무한에 대하여 알아보려 한다.

셈과 일대일대응

칸토어의 무한을 알아보기 전에 셈에 대한 1장의 논의를 다시 생각해 보자. 수라는 것은 끝없이 뻗어 나가는 어떤 직선(수직선) 위의 한 점이라고 하였다. 그 수직선에는 1, 2, 3, 4, …라는 표식이 있고, 그 표식이 찍혀 있는 점들이 바로 자연수이다. 센다는 것은 물건들의 모임에 이 자연수를 대응시키는 것이다.

예를 들어, 다음처럼 공이 있다고 하자. 몇 개가 있는가? 그 이유를 설명할 수 있는가?

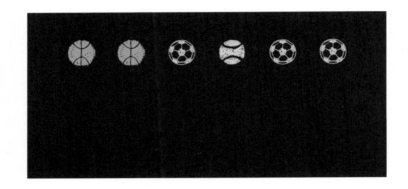

　물론 답은 여섯 개다. 조금 생각해 보면, 그 이유는 각각의 공과 1, 2, 3, 4, 5, 6이라는 각각의 숫자 사이에 서로 정확히 하나씩 화살표로 대응시킬 수 있기 때문이다. 이렇게 두 개의 모음(집합)이 있을 때, 각 집합의 원소를 하나씩 하나씩 화살표로 짝짓는 것을 **일대일대응**이라 부른다.

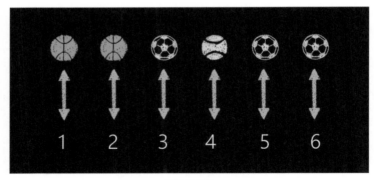

일대일대응

다시 말하자면, 센다는 것은 공이나 과일처럼 우리에게 익숙한 대상 하나하나와 1, 2, 3, 4, …처럼 추상적 개념인 자연수 하나하나 사이에 일대일대응을 찾는 작업이다. 그래서 칸토어는 무한한 모음(무한집합)의 경우에도 이러한 일대일대응을 이용하여 그 크기를 비교하자고 제안하였다.

예를 들어 자연수의 집합을 생각해 보자.

$$\{ 1, 2, 3, 4, 5, \cdots \}$$

그리고 정수의 집합은 자연수에 음의 정수와 0을 추가한 것이다.

$$\{ \cdots, -3, -2, -1, 0, 1, 2, 3, \cdots \}$$

물론 정수가 자연수보다 많은 수를 가지고 있어 더 커 보인다. 그런데 사실 이 두 집합 사이에는 아래와 같은 일대일대응이 있다.

자연수	1	2	3	4	5	6	7	8	…
정수	0	1	-1	2	-2	3	-3	4	…

이런 경우, 칸토어에 의하면 자연수 집합과 정수 집합은 같은 크기를 가진다는 것이다.

칸토어는 히브리 문자 알레프($\aleph$)를 이용하여 자연수 집합의 크기를 **알레프 영**($\aleph_0$)으로 표시하였다. 따라서 정수 집합의 크기 역시 알레프 영이다. 자연수 집합과 일대일대응을 찾는 것은 결국 하나, 둘, 셋처럼 세는 것이기 때문에 알레프 영을 **셀 수 있는 무한**이라고도 부른다. 유리수는 분수의 다른 말이다. 유리수 집합 역시 0, 1/1, 1/2, -1/2, 1/3, 2/3, -1/3, …처럼 빠짐없이 셀 수 있다. 중간에 1/2 = 2/4처럼 중복이 나오면 건너뛰면서 세면 된다. 그래서, 유리수 집합의 크기도 알레프 영이다.

힐베르트의 호텔

칸토어는 막연하게 무한히 많다고 생각해 온 자연수 집합의 크기에 알레프 영이라는 정확한 명칭을 주었다. 알레프 영의 성질을 설명하기 위하여 힐베르트는 방이 무한히 많은 호텔의 비유를 이용하였다.

방의 개수가 알레프 영인 호텔을 생각해 보자. 정확하게 말하자면, 각각의 자연수 1, 2, 3, 4, …에 대응되는 방 1호실, 2호실, 3호실, 4호실, …이 있다고 가정하는 것이다. 어느 날, 이 호텔이 투숙객으로 가득 찼다(그림 a). 그런데 저녁이 되자 어떤 지친 여행자

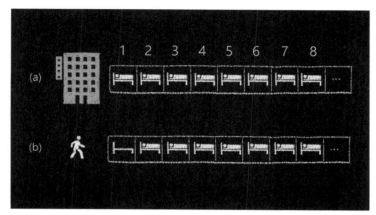

힐베르트의 사고 실험

한 명이 도착한다. 딱한 마음에 이 여행자를 돌려보내지 못하는 매니저는 어떻게 해야 할까?

이것이 힐베르트의 사고 실험이었다. 그가 제시한 아이디어는, 모든 투숙객에게 한 칸씩 옆방으로 옮겨 달라 부탁하는 것이었다. 그러면 1호실의 손님은 2호실로, 2호실의 손님은 3호실로와 같이 옮겨서 1번 방이 비게 된다. 여기에 지친 여행자를 묵게 하면 되지 않겠는가(그림 b).

즉, 셀 수 있는 무한집합(기존의 투숙객들)에 하나의 원소(지친 여행자)를 추가하면, 그 결과는 여전히 셀 수 있는 무한집합(다음날의 투숙객들)이다. 결국, 알레프 영에 1을 더하면 여전히 그 크기는 알레프 영이다. 이런 식으로 생각하면 알레프 영에 100을 더

해도, 1000을 더해도 여전히 알레프 영이다.

이제 힐베르트 호텔 2호점에 불이 나서 그곳에 있던 알레프 영 명의 여행자가 호텔 1호점으로 왔다고 해 보자. 우리의 마음씨 좋은 1호점 매니저는 여전히 이들을 이미 만실인 자기 호텔에 재워 주고 싶어한다. 어떻게 해야 할까?

답은 간단하다. 먼저, 방송을 통해 n호실에 있는 손님은 $2n$호실로 옮겨 달라고 부탁한다. 그러면 1, 2, 3, 4, …호실에 있던 손님은 2, 4, 6, 8, …호실로 옮겨 갈 것이고 따라서 1, 3, 5, 7, …호실은 비게 된다. 그 빈 호실을 2호점의 1, 2, 3, 4, …호실에 묵었던 여행자에게 제공하면 1, 2호점 여행자는 모두 자기 방을 찾게 된다. 수학에 익숙한 여행자들이라면 다음과 같이 방송해도 알아들을 것이다.

"p호점 q호실에 묵었던 여행객은 1호점의 $2q-p+1$호실로 가 주세요."

우리는 방금 알레프 영과 알레프 영을 더해도 여전히 알레프 영임을 증명하였다.

이제 마지막으로, 힐베르트 호텔 2, 3, 4, 5, 6, …호점에 모두 불이 나서 각각에 묵던 여행자 모두가 1호점으로 몰려왔다고 하자. 여전히 우리의 착한 1호점 매니저는 이들을 모두 재워 줄 수 있을까?

여전히 방법은 있다. 여행객 각각은 1호점의 1호실, 혹은 7호점의 81호실과 같은 **이름**을 가지고 있다. 이제 매니저가 할 일은 x호점의 y호실 손님에게 1호점 $2^x \times 3^y$호실로 가라 이야기해 주는 것이다. 예를 들어 5호점의 2호실에 묵던 손님은 1호점의 $2^5 \times 3^2 = 32 \times 9 = 288$호실로 가게 되는 것이다.

이렇게 하면 두 손님이 같은 방에 묵는 일은 절대로 없다. 예를 들어서, 31호점의 11호실 손님과 15호점의 21호실 손님은 각각 1호점의 $2^{31} \times 3^{11}$호실과 $2^{15} \times 3^{21}$호실에 묵을 것이다. 그런데 우리는 1장에서 소수(2, 3, 5, 7, 11, ⋯)는 자연수의 조립 부품이어서, 주어진 자연수를 이 부품으로 분해하는 방법은 유일하다고 하였다. 자연수 $2^{31} \times 3^{11}$과 $2^{15} \times 3^{21}$ 모두는 부품 2와 3으로 분해가되는데, 그 방법이 다르다. 각 부품별로 사용된 개수가 서로 다르기 때문이다. 따라서 두 자연수 $2^{31} \times 3^{11}$과 $2^{15} \times 3^{21}$은 서로 다르고, 즉 두 손님이 묵게 되는 방 번호는 서로 다르다. 우리는 방금 두 개의 알레프 영을 곱하여도 다시 알레프 영이 됨을 증명하였다.

이렇게 소인수분해의 유일성을 이용하여 무한한 대상 하나하나를 세는 방법은 **괴델의 코드**라 불린다. 괴델의 코드는 5장과 6장에 다시 등장한다.

무리수는 유리수보다 많다

우리는 셀 수 있는 무한이라 불리는 알레프 영의 성질을 알아보았다. 자연수도, 정수도, 유리수도 모두 알레프 영만큼 많다. 또한 원소가 알레프 영 개만큼 많은 집합을 알레프 영 개만큼 모아도 모든 원소의 개수는 알레프 영 개라는 것을 보았다. 그렇다면 알레프 영보다 더 큰 무한은 없을까?

여기서 어떤 집합 A가 B보다 크다는 것은 $|A| > |B|$와 같이 쓰는데, 그 뜻은 B가 A의 일부이고(즉, B는 A의 부분집합) A와 B 사이에는 일대일대응을 절대 만들 수 없다는 뜻이다. 예를 들어, $|\{1, 2, 3, 4, 5\}| > |\{1, 2, 3\}|$이다. 왜 그럴까? $\{1, 2, 3\}$은 집합 $\{1, 2, 3, 4, 5\}$의 부분집합이다. 그런데 이 둘 사이에는 일대일대응을 절대로 만들 수 없다. 아무리 $\{1, 2, 3\}$ 각각의 원소에서 출발하는 화살표를 하나씩 잘 그려 보아도 $\{1, 2, 3, 4, 5\}$ 모두를 가르킬 수는 없기 때문이다.

그렇다면 무한집합끼리는 어떨까? 셀 수 있는 무한인 알레프 영보다 큰 무한집합이 있을까? 있다! 우리는 수직선 위의 모든 점 하나하나를 바로 **수**, 혹은 **실수**라고 불렀다. 칸토어는 실수의 개수가 자연수의 개수보다 크다는 것을 증명하여 세상을 놀라게 하였다.

언뜻 생각하면 믿을 만한 이야기다. 자연수는 1, 2, 3, 4, … 이렇게 하나하나 셀 수 있는데, 실수는 너무 많다. 자연수와 유리수를 다 포함하고도 $\sqrt{2}$, π 등 너무 많은 수가 더 있다. 그래도 이를 엄밀하게 증명하는 것은 막막한 일이었는데, 칸토어는 **대각논법**이라 불리는 혁명적인 아이디어로 이 문제를 해결하였다.

먼저, 자연수 집합은 실수 집합의 부분집합이다. 자연수는 수직선 위에 찍힌 점들 중의 일부이니까. 그래서 둘 사이에 일대일대응이 없다는 것만 보인다면 실수가 자연수보다 많다는 것을 성공적으로 증명하게 된다.

결론을 부정해서, 만일 둘 사이에 일대일대응이 있다고 하자. 그러면 자연수 1에 대응되는 실수 a_1, 자연수 2에 대응되는 실수 a_2 등이 존재하게 되어서, 이 세상 모든 실수는 a_1, a_2, a_3, a_4, … 중의 하나가 된다.

이제 이 모든 실수를 소수 전개를 해 보자. 즉 $\pi = 3.14159265\cdots$ 처럼 풀어서 쓰는 것이다. 예를 들어, 다음 그림처럼 소수 전개가 되었다고 해 보겠다.

여기서 칸토어의 간단하면서도 충격적인 아이디어는, 다음과 같이 새로운 실수 b를 상상해 보는 것이다. 이 실수 b는 소수 첫째 자리가 a_1과 다르고, 둘째 자리가 a_2와 다르고, … n번째 자리가 a_n과 다르도록 잡는다. 다음처럼 잡으면 될 것이다.

$$a_1 = 0.\underline{1}1111\cdots$$

$$a_2 = 0.2\underline{2}222\cdots$$

$$a_3 = 0.12\underline{1}21\cdots \qquad\qquad b = 0.21211\cdots$$

$$a_4 = 0.232\underline{3}2\cdots$$

$$a_5 = 0.2121\underline{2}\cdots$$

그러면, 먼저 b와 a_1은 다르다. 소수 첫째 자리가 서로 다르기 때문이다. 마찬가지로, 소수 둘째 자리가 다른 b와 a_2도 서로 다른 실수이다. 이렇게 생각하면 b는 어떠한 a_n과도 다름을 알 수 있다.

그런데 이는 우리가 처음에 했던 가정, 즉 이 세상 모든 실수가 (특히 b가!) a_1, a_2, a_3, a_4, $\cdots$ 중 하나로 나타난다는 것에 위배된다. 따라서 이 가정은 틀렸고, 실수 집합과 자연수 집합 사이에는 절대로 일대일대응을 만들 수 없다는 결론을 얻게 되는 것이다. 실수는 자연수보다 많고, 따라서 그 크기가 알레프 영보다 크다.

한편, 유리수는 알레프 영 개만큼 있다. 알레프 영에 유한한 값이나 알레프 영을 더해 주어도 여전히 알레프 영임을 우리는 힐베르트 호텔을 통하여 보았다. 따라서, 만일 무리수가 기껏 알레프 영 개밖에 없었다면 실수의 크기는 알레프 영 이하(무리수)+알레프 영(유리수)이 되어서 전부 알레프 영이라는 모순이 생긴다. 이를 통해 우리는 무리수의 개수가 유리수의 개수보다 더 큰 무한임을 알 수 있다. 분수 아닌 수는 분수보다 많다!

이를 요약하면, 수학에는 더 큰 무한과 더 작은 무한이 있다. 칸토어는 같은 아이디어를 확장하여서 실수 집합보다 더 큰 무한, 그보다 더 큰 무한, … 이러한 작업을 무한 번 반복해서 얻어지는 무한보다도 더 큰 무한 등을 엄밀하게 만들어 내었다.

이렇게 첫째 수의 첫째 자리, 둘째 수의 둘째 자리 등 대각선을 비교하여 모순을 찾는 방법을 **칸토어의 대각논법**이라 부른다. 사실 실수가 자연수보다 많다는 칸토어의 첫 번째 증명(1874년)은 조금 다른 방법을 사용하였다. 하지만 후에 칸토어는 대각논법을 이용하여 같은 사실을 훨씬 더 간단하게 증명해 내었다. 1891년에 발표된 이 두 번째 증명은 3쪽의 짧은 분량에도 불구하고 후세의 수학에 지대한 영향을 미친다.

실제로 논리학, 전산학에 등장하는 거의 모든 불가능성 증명은 이 논증법을 기반으로 하고 있다. 다음은 모두 칸토어의 대각논법

대각논법이라는 논증법을 인류에게 처음 소개한 칸토어의 1891년 논문 중 발췌

으로 증명할 수 있는 내용들이다.

(1) 러셀의 역설(1901) : 경우에 따라서는, 집합 몇 개를 모아 새로운 집합을 만들기도 한다. 하지만, "모든 집합을 모아 놓은 집합"은 있을 수 없다.

(2) 리처드의 역설(1905) : 어떤 언어 표현은 실수를 나타내기도 한다. 예를 들어 "원의 둘레 길이를 지름으로 나눈 값"은 원주율 3.141…을 표현하고, "제곱하여 2가 되는 양의 실수"는 2의 제곱근 1.414…를 나타낸다. 하지만 "나는 너를 사랑해"와 같이 실수를 나타내지 않는 표현도 많다. 리처드의 역설에 따르면, 어떤

한 언어 표현이 과연 실수를 나타내는지 유한 시간 안에 판단할 수 있는 컴퓨터(알고리즘)는 없다.

(3) 괴델의 불완전성 정리(1931) : 아무리 수학 체계를 잘 만들어도 그 체계 안에는 반드시 증명도 할 수 없고 반증도 할 수 없는 명제가 있다. 특히 "2+2=5를 증명하는 방법은 없다"라는 명제는 증명할 수 없다.

(4) 튜링의 정지 문제(1936) : 컴퓨터 프로그램은 유한 시간 안에 멈추기도 하지만, (대개 실수로 잘못 만든 경우) 무한 루프에 빠지기도 한다. 튜링에 따르면, 어떠한 컴퓨터 프로그램이 주어져도 그 프로그램이 유한 시간 안에 멈출지, 무한히 멈추지 않고 돌아갈지 판단해 낼 수 있는 완벽한 "무한루프 탐색 컴퓨터"는 없다.

특히 (3)에 대해서는 5장과 6장에서 더 자세히 알아보도록 하자.

연속체 가설

요약하자면 자연수의 개수와 유리수의 개수는 같은 크기의 무한, 즉 **알레프 영**이다. 자연수 집합보다 실수 집합은 더 큰 크기의 무한이다. 실수는 유리수와 무리수로 나뉘는데, 유리수는 알레프 영 개 있고, 무리수는 그보다 많다. 현대 수학에서는 실수의 크기를 히브리어의 둘째 문자를 따서 **베트 일**($\beth_1$)이라 표기한다.

무한에 대한 이러한 발견 후에 칸토어는 1878년, 많은 수학자들을 알쏭달쏭하게 만드는 질문을 던진다. 그렇다면, 자연수보다 크고 실수보다 작은 집합이 존재하는가? 다시 말해, **알레프 영**과 **베트 일** 사이에도 새로운 무한이 있는가? 칸토어는 그러한 무한은 존재하지 않을 것이라 생각하였다. 이를 칸토어의 **연속체 가설**이라 부른다. 또 다른 표현으로, 실수의 무한한 부분집합은 반드시 알레프 영, 혹은 베트 일을 그 크기로 가진다는 것이다.

1900년도에 힐베르트를 주축으로 한 많은 수학자들은 제1회 세계수학자대회(ICM: International Congress of Mathematicians)를 개최한다. 과학에 대한 지식이 폭발적으로 발전하고 있던 20세기 초엽, 수학자들은 지금까지 인류의 발견을 망라해 보고 한 세기 동안 추구해야 할 수학의 발전 방향을 논해 보고 싶어하였다. 이러한 취지로 힐베르트는 스물세 개의 **힐베르트 문제**를 제시하는데, 그중 1번 문제가 바로 연속체 가설이다.

앞서 잠깐 언급한 쿠르트 괴델(1906~1978)은 1938년 연속체 가설에 대한 놀라운 사실을 발견한다. 그것은 연속체 가설을 반증하는 것이 불가능하다는 것이다. 즉, 연속체 가설이 사실인지는 모르나, 그것이 틀렸다는 것을 보이는 것은 수학 체계에서 일어날 수

쿠르트 괴델   폴 코언

없다는 말이다.

더욱 놀라운 사실은 폴 코언(1934~2007)에 의하여 1963년에 발견되었다. 이는 연속체 가설을 증명하는 것도 불가능하다는 것이다. 수학 체계에서 연속체 가설을 증명하려는 어떠한 노력도 반드시 실패할 것이라는 발견인 것이다. 따라서 괴델과 코언의 발견을 종합하면 연속체 가설은 수학 체계에서 참이라고 가정해도 문제가 없고 거짓이라 가정해도 문제가 없는 **독립**인 명제가 된다. 연속체 가설이 참이라 가정하는 수학을 할 수도 있고, 거짓이라 가정하는 수학을 할 수도 있는 것이다.

이렇게 참도 거짓도 아닌 명제를 수학에 두어도 되는 걸까? 매일 컴퓨터를 켜서 인터넷을 보고 문서 작업을 할 때조차도 끊임없이 사용하고 있는 것이 수학인데, 믿고 사용해도 될까? 이에 대한 현대 수학자들의 고민은 5장과 6장에 이어진다.

수학자는 자신의 발견을 **논문**이라 불리는 글로 잘 정리하여 놓는다. 하지만 이 논문이 서랍 속에만 있다면 아무 소용이 없을 것이다. 사람들에게 논문의 내용을 전하려면 어떻게 해야 할까?

가장 좋은 방법은 이 논문을 유명한 정기 간행지, 즉 **저널**에 투고하는 것이다. 수천 년에 달하는 수학의 역사에 비한다면 저널의 역사는 불과 수백 년으로 짧은 편이지만, 그 권위는 이제 수학계 전반을 지배하고 있다.

저널에 논문을 투고하면 여러 명의 수학자가 달라붙어 내용이 정확한지, 결과가 중요한지 등을 심사한다. 권위 있는 저널일수록 그 과정이 까다로워 심사를 통과하는 논문의 수가 적다. 그래서 저널에 게재된 논문을 사람들이 더욱 신뢰하고 이해하려 노력한다.

그렇다면 저널의 권위는 어디서 오는 걸까? 명확하진 않지만 대개 발행하는 기관에 대한 신뢰, 좋은 논문을 많이 실었던 역사, 옥석을 잘 가리는 편집장의 안목 등이 큰 영향을 미치게 된다.

예를 들어 《순수 및 응용 수학》이란 저널은 현존하는 가장 오래된 수학 저널이다. 1826년 독일의 수학자인 아우구스트 레오폴드 크렐레(1780~1855)에 의하여 창간된 이 저널은 아벨, 가우스, 칸토어 등의 논문을 실어 그 권위를 획득했고, 현재까지도 '크렐레의 저널'이라는 애칭으로 불리면서 많은 수학자의 사랑을 받고 있다.

이번 장에 등장하였던 《액타 매스매티카》는 1882년 해석학자 미탁-레플러에 의하여 창간되었다. 이 저널은 스웨덴 왕립 학술원이 주관하고 있으며, 현재에도 많은 수학자들이 가장 존경하는 저널 중 하나이다.

대학이 주관하는 저널 중에 가장 권위 있는 것은 《수학 연보》이다. 미국 프

1826년 '크렐레의 저널' 창간호

린스턴대학이 주관하는 이 저널은 20세기 초반 위상수학자 솔로몬 레프셰츠(1884~1972)가 뛰어난 편집장의 역할을 하면서 가장 존경받는 미국의 수학 저널로 자리 잡았다.

저널의 권위가 하루아침에 바뀌는 일도 있다. 수학자 J. H. C. 화이트헤드(1904~1960)는 《위상수학》이라는 저널을 창간하여 신생 학문이었던 위상수학만 다루는 가장 중요한 저널로 자리 잡게 하였다. 그런데 최근 이 저널의 높은 가격 정책이 학문의 공공성을 해친다고 생각하던 편집위원들은 주관 출판사와 갈등을 빚다가 결국 2006년 전원 사임하였다. 이 11명의 편집위원은 새로운 《**위상수학저널**》을 런던수학회와 함께 창간하였고, 이제 수학자들은 《위상수학》의 권위가 《위상수학저널》로 완전하게 옮겨 갔다고 생각하고 있다.

매우 짧은 시간 만에 권위를 획득하는 경우도 있다. 역사가 30여 년에 불과한 《**미국 수학학회지**》는 놀랍게도 미국 수학의 발전에 힘입어 현재 최상위의 저널로 자리 잡았다. 《**한국 수학학회지**》도 역사는 짧으나 최근 수년간 순조롭게 학계에서 도약하고 있다.

더욱 놀라운 예는 역사가 10년도 채 안 되는 《**수학포럼, 파이**》이다. 온라인에만 존재하는 이 저널은 영국 수학자 티모시 가워스(1963~)를 위시한 창간 편집진의 막강한 명성 덕분에 최고의 자리를 단숨에 올랐다. 이 외에도 프랑스의 《**고등과학연구소 출간물**》, 독일의 《**수학적 발견**》 등이 수학계에서 최고의 권위를 가지고 있다.

수에도 모양이 있을까?

: 무리수와 네모 채우기

분수로 표현할 수 없는 수

우리는 지금까지 "수란 무엇일까"에 대한 이야기를 해 보았다. 먼저, **실직선**이란 0과 1이 어딘가에 찍혀 있는 무한한 직선이었다. 그리고 **수**란 실직선 위의 모든 점으로 정의하였다. 수는 분수로 쓸 수 있는 **유리수**와 그렇지 않은 **무리수**로 나뉜다. 예를 들어 $0.1 = 1/10$은 유리수이고, $\sqrt{2}$는 무리수이다. 그리고 무리수는 유리수보다 훨씬 많음을 알아보았다.

'수'란 결국 '길이'인데, 왜 이런 구별이 생기는 것일까? 예를 들어, x는 유리수이고 y는 무리수라면, 가로와 세로의 비율이 $x : 1$인 화면과 $y : 1$인 화면은 그 모양에 어떤 근본적인 차이가 있는 것일까?

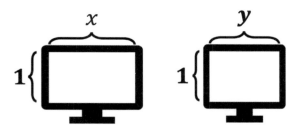

현대에 와서 무리수가 존재한다는 것은 상식이 되었다. 하지만 기원전 6세기 고대 그리스에서는 무리수를 논하는 것이 금기시되었다. 당시 가장 영향력 있던 수학자인 피타고라스는 일종의 종교 결사인 피타고라스 학파를 이끌었는데, 이 학파는 우주가 엄밀한 수학적 규칙을 따라 움직인다는 가히 혁명적인 아이디어를 제시하였다. 그리고 행성의 움직임은 잘 조율된 현악기와 같은 공명을 이루고 있기 때문에, 결국 우주를 이루는 규칙은 자연수와 자연수의 비율이어야 한다고 주장하였다.

이러한 생각의 바탕에는 모든 길이, 즉 모든 수는 유리수라는 믿음이 있었다. 심지어 어떤 전설에 따르면 2의 제곱근($\sqrt{2}$)이 무리수임을 발견한 이 학파의 히파수스를 동료들이 바다에 빠뜨려 살해하였다고도 한다. 하지만 결국 피타고라스 학파 역시 무리수의 존재를 수학의 일부로 받아들일 수밖에 없었다. 피타고라스의 가장 위대한 업적인 피타고라스의 정리에 따르면 직각삼각형 세 변의 길이 a, b, c는 다음의 관계식을 만족한다.

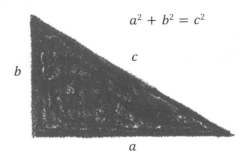

$$a^2 + b^2 = c^2$$

그런데 세 묶음 (a, b, c)가 동시에 유리수가 되는 것은 $(3, 4, 5)$, $(5, 12, 13)$과 같이 **피타고라스의 세 묶음**이라 불리는 등 아주 특별한 경우에만 가능하다. 다시 말해, 대부분의 경우 a, b, c 셋 중 하나는 무리수가 된다.

또한, 기원전 1800년경에 쓰여진 바빌로니아의 석판(플림튼 322)을 보면 당시 바빌로니아 사람 역시 피타고라스의 정리를 독자적으로 발견하였고, 2의 제곱근 값도 정확하게 계산할 수 있었다. 인도 등지에서도 비슷한 문헌이 발견되는 것으로 미루어 볼 때, 무리수는 우리가 생각하는 것보다도 더 오랫동안 인류의 문명 속에 자리 잡아 왔다.

바빌로니아 시대의 석판, 플림튼 322

파이(π)의 아주 간략한 역사

2의 제곱근만큼이나 오랫동안 인류와 함께한 또 다른 무리수로는 원주율을 들 수 있다. 이 원주율 $\pi = 3.1415\cdots$는 지름이 1인 원의 둘레 길이이다. 우리는 1장에서 원주율을 그리는 법을 보았다. 집에 있는 두루마리 화장지의 지름이 10센티미터였다면, 이 화장지를 정확하게 한 바퀴 굴렸을 때 바닥에는 $10\pi = 31.415\cdots$센티미터의 휴지가 깔려 있을 것이다.

이집트나 바빌로니아와 같은 고대 문명에서는 원주율을 3으로 근사하여 건축물을 설계하였다고 한다. 『성경』에도 이스라엘의 왕

아르키메데스

궁에 대한 이야기 중에 지름 10규빗, 둘레 30규빗인 원이 등장한다. 현대 공학에서도 대부분 원주율은 3.14 정도로 생각한다.

이 원주율의 정확한 값의 계산에 도전한 사람 중에는 아르키메데스(기원전 287~212)가 있다. 기원전 3세기에 활동한 아르키메데스는 고대 그리스의 최고 수학자이자 물리학자요 공학자로 꼽힌다. 그는 지렛대를 세울 공간만 있다면 지구도 움직일 수 있다는 주장으로도 유명하다.

물론 우리는 이미 원주율 값 3.14159…를 익히 들어 알고 있지만, 잠시 아르키메데스의 시절을 상상하면서 원주율에 대하여 아무 것도 모르는 상태로 시작하여 보자. 원주율의 값을 어떻게 대략 구할 수 있을까? 3에 가까울까? 4에 가까울까?

아르키메데스의 아이디어는 지름이 1인 원을 둘러싸는 **외접 다각형**과 원에 둘러쌓인 **내접 다각형**의 둘레 길이로 원의 둘레 길이를 근사하는 것이었다. 이해를 돕기 위하여 간단한 8각형의 그림을 보자.

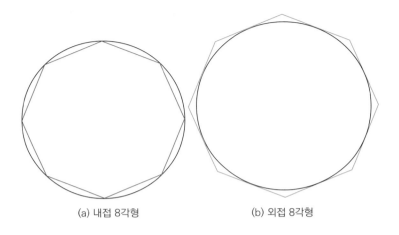

(a) 내접 8각형   (b) 외접 8각형

그림 (a)는 지름 1인 원의 내접 8각형이고, 그 둘레의 길이는 3.0614⋯이다. 그림 (b)는 외접 8각형이고 3.3137⋯을 그 둘레의 길이로 가진다. 원주율은 지름이 1인 원의 둘레 길이이므로, 그 값은 반드시 내접 8각형의 둘레인 3.0614⋯와 외접 8각형의 둘레인 3.3137⋯ 사이에 있음을 알 수 있다.

다음의 그래프는 $n = 3, 4, 5, \cdots, 96$일 때 각각 원의 외접, 내접 n각형의 둘레 길이를 원주율 값과 비교한 것이다. 변의 개수가 많아질수록 둘레 길이는 원주율에 매우 가까워짐을 알 수 있다. 아르키메데스는 외접, 내접 96각형의 둘레 길이를 계산하고, 그 값과 아주 가까운 분수를 찾아서 원주율 π가 22/7보다 작고 223/71보다 큼을 보였다.

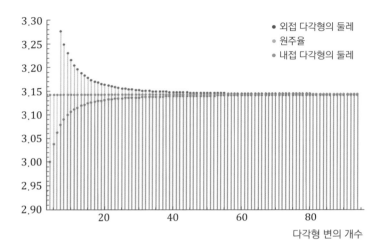

다각형 변의 개수

비슷하게, 5세기 중국의 수학자 조충지(429~500)는 12288각형의 넓이와 원의 넓이를 비교하는 방법으로 다음 분수가 원주율에 매우 가까움을 발견하였다.

$$\frac{355}{113} = 3.1415929\cdots$$

이 분수는 분모부터 읽어서 11-33-55처럼 기억할 수도 있다. 조충지가 비밀의 비율, 즉 **밀률**이라 불렀던 이 값은 실제 원주율 π=3.1415926⋯에 비해 오차가 1천만 분의 일도 되지 않는 값이다.

$$\text{오차} = \frac{\frac{355}{113} - \pi}{\pi} = \frac{8.49\cdots}{1억} < \frac{1}{1천만}$$

원주율에 가까운 분수를 찾으려는 경쟁에서 이 밀률의 기록은 거의 천 년 동안 유지되었고, 14세기 인도의 수학자 마다바가 원주율을 소수 11번째 자리까지 계산하고 나서야 깨지게 된다.

네모 채우기 놀이

현대에 사는 우리는 미적분학과 컴퓨터를 이용하여 원주율의 값을 얼마든지 정확하게 계산할 수 있다.

$$\pi = 3.141592653589793238462643383279\cdots$$

원주율과 가까운 분수를 찾는 가장 순진한 방법은 아래와 같다.

$$3.1 = \frac{31}{10}$$
$$3.14 = \frac{314}{100}$$
$$3.141 = \frac{3141}{1000}$$

하지만 이러한 분수보다 아르키메데스의 비율 22/7나 조충지의 밀률 355/113를 이용하여 원주율을 근사하면, 분모는 더 작지만 정확도는 훨씬 더 높아진다. 조금 주관적으로 표현하자면, 22/7는 314/100에 비하여 원주율을 더 잘 나타내는 **좋은 분수**이다.

그렇다면 이런 좋은 분수는 어디에서 온 것일까? 22/7나 355/113보다도 더 좋은 분수를 찾을 수 있을까? 이에 대한 수학자들의 대답을 다음의 **네모 채우기 놀이**로 생각해 볼 수 있다.

먼저 우리는 원주율 π의 소수 전개 π=3.14159…를 알고 있다고 가정한다. 원주율을 나타내는 좋은 분수를 찾기 위하여 가로와 세로의 비율이 π : 1인 직사각형을 생각한다.

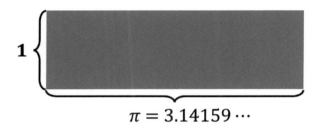

$$\pi = 3.14159\cdots$$

이제 아래의 규칙으로 직사각형의 내부를 채워 나가 보자.

남은 공간에 들어갈 수 있는 가장 큰 정사각형을 왼쪽에서부터 혹은 아래쪽에서부터 최대한 많이 채운다.

그러면 우리는 다음 그림의 1, 2, 3처럼 세 개의 정사각형을 채울 수 있고, 오른쪽 귀퉁이에 빈 공간이 조금 남게 된다. 세로의 길이는 1이고, 따라서 3개의 정사각형 각각의 가로 길이 역시 1인데, 그들이 차지하는 가로 길이의 합 3이 원주율보다 살짝 작기 때문이다.

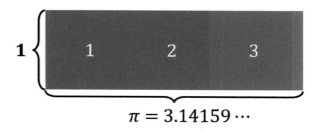

$$\pi = 3.14159\cdots$$

이제 우리는 이 규칙을 다시 적용하여 오른쪽 귀퉁이 공간에 정사각형을 아래에서부터 최대한 많이 쌓아 보자. 오른쪽 귀퉁이의 가로 길이는 $\pi - 3 = 0.14159\cdots$이므로, 다음에 볼 그림처럼 정확하게 7개를 쌓으면 그 높이의 합이 $0.99\cdots$로서 처음 직사각형의 높이인 1보다 살짝 작게 된다. 다시 말해, 가장 작은 정사각형의 한 변의 길이인 $\pi - 3$은 1/7과 아주 비슷한 값이다. 따라서 우리는 원주율을 나타내는 아르키메데스의 비율 $3 + \dfrac{1}{7} = \dfrac{22}{7}$를 얻게 된다.

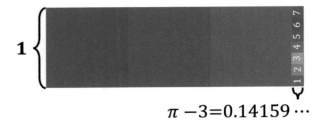

$$\pi - 3 = 0.14159\cdots$$

이제 7개를 쌓은 오른쪽 윗부분을 확대해 보면 여전히 약간의 귀퉁이가 위에 남게 되며, 네모 채우기를 계속하여 15개를 오른쪽 방향으로 넣을 수 있다.

이를 반복하면 위쪽으로 1개, 오른쪽으로 292개…와 같이 정사각형을 계속하여 채워 넣게 된다. 자세한 과정은 생략하겠지만, 위와 비슷하게 우리는 다음의 좋은 분수를 얻는다.

$$\pi \approx 3 + \cfrac{1}{7 + \cfrac{1}{15}} = \frac{333}{106} \approx 3.14150943\cdots$$

$$\pi \approx 3 + \cfrac{1}{7 + \cfrac{1}{15 + \cfrac{1}{1}}} = \frac{355}{113} \approx 3.14159292\cdots$$

$$\pi \approx 3 + \cfrac{1}{7 + \cfrac{1}{15 + \cfrac{1}{1 + \cfrac{1}{292}}}} = \frac{103993}{33102} \approx 3.1415926530\cdots$$

특히 마지막 분수는 $\pi = 3.1415926535\cdots$와 아주 가깝지만 분모는 다섯 자리수인 33102에 불과하다!

이러한 **네모 채우기 놀이**는 원주율뿐 아니라 다른 수에도 적용할 수 있다. 수 a가 주어지면 가로와 세로의 비율이 $1 : a$인 직사각형을 그리고 네모 채우기 놀이를 하며 그 채워지는 정사각형의 개수인 $a_1, a_2, a_3, \cdots$을 기록하자. 그러면 우리는

$$a \approx \cfrac{1}{a_1 + \cfrac{1}{a_2 + \cfrac{1}{a_3 + \cfrac{1}{\cdots + \cfrac{1}{a_n}}}}}$$

의 공식에 $n = 1, 2, 3, 4, 5, \cdots$를 대입하여 a와 아주 가까운 좋은 분수를 찾을 수 있다.

이제 처음의 질문으로 돌아가 보자. 가로세로의 비율이 $a : 1$인 스크린은 a가 유리수일 때 어떤 특징이 있을까? 바로 네모 채우기 놀이를 계속하다 보면 어느 순간 귀퉁이의 작은 공간이 사라져서 다음 단계로 넘어갈 수 없다는 것이다.

예를 들어, 만일 이러한 네모 채우기 놀이가 100단계 $a_1, a_2, a_3,$ $\cdots, a_{100}$에서 끝났다면 주어진 수 a는 정확하게 다음과 같은 분수로 쓰여지고 따라서 유리수가 된다.

$$a = \cfrac{1}{a_1 + \cfrac{1}{a_2 + \cfrac{1}{a_3 + \cfrac{1}{\cdots + \cfrac{1}{a_{100}}}}}}$$

황금비율

이렇게 무리수는 네모 채우기 놀이를 통하여 얻어지는 사각형의 반복되는 모양으로 표현할 수 있다. 다음은 2의 제곱근($\sqrt{2}$)과 2의 세제곱근(세 번 곱하면 2가 되는 수, $\sqrt[3]{2}$) 각각에 해당하는 네모 채우기 놀이 모양이다.

$$\sqrt{2} \qquad \sqrt[3]{2}$$

무리수 중에도 **황금비율** $\phi = \dfrac{1+\sqrt{5}}{2} = 1.6180339887\cdots$ 을 생각하면 이러한 네모 채우기 모양이 특별히 예쁘게 나타난다. 여기서 ϕ는 영어 단어 fee처럼 읽을 수 있는 그리스 문자인데 전통적으로 황금비율을 나타내는 데 사용된다.

황금비율에 대한 가장 오래된 문헌 중 하나는 기원전 3세기 그리스의 기하학자 유클리드의 책 **『원론』**(제6권, 명제 30번)이다. 여기서 유클리드는 주어진 선분을 긴 선분 A와 짧은 선분 B 두 개로 나누되 가장 짧은 선분 (B), 중간 길이의 선분 (A), 가장 긴 선분 ($A+B$)의 길이가 같은 비율로 늘어나게 할 수 있다고 하였다.

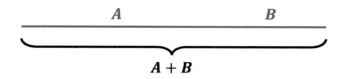

다시 말해, $B : A = A : A + B$가 성립한다는 것이고 이를 풀면 $A^2 = B(A + B)$가 된다. 간단한 계산을 하고 나면 우리는 유클리드의 비율 A/B와 황금비율 $\phi = 1.618\cdots$이 같다는 것을 알 수 있다!

이제 황금비율을 가지는 스크린을 생각해 보자. 이 직사각형의 특징은 다음 그림처럼 하나의 정사각형을 왼쪽에 채웠을 때, 전체 직사각형과 오른쪽 구석의 직사각형(B)이 닮음이라는 것이다.

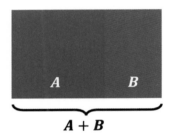

따라서 네모 채우기 놀이의 패턴은 매 단계 동일하여 아래처럼 매번 한 개의 정사각형만을 새로이 삽입할 수 있게 된다.

이렇게 황금비율은 자기 자신이 끊임없이 반복되는 아름다움을 내재하고 있다. 네모 채우기의 규칙을 조금 바꾸어 황금비율의 스크린 안에 네모를 왼쪽, 아래쪽, 오른쪽, 위쪽의 순서로 번갈아 가며 채워 넣으면 그 결과는 **피보나치 나선**이라 불리는 또 다른 아름다운 모양을 띠게 된다.

이러한 피보나치 나선과 그 변형된 모델들은 해바라기 꽃이나 앵무조개처럼 자기 자신을 복제해 가며 생물이 자라나는 모양을 설명하는 데 쓰이기도 한다.

파보나치 나선 모양을 띤 해바라기

앵무조개

황금비율이 그렇게 아름답다면 예술적인 가치도 있지 않을까? 실제로 20세기 초현실주의 화가 살바도르 달리(1904~1989)는 황금비율을 성스러움의 기하학적 상징으로 사용하였다. 달리가 그린 성화 〈최후의 만찬〉은 캔버스의 크기가 정확하게 황금비율이었으며, 또한 정오각형, 정십이면체 등에서 황금비율을 사용하고 있다 (정오각형의 대각선의 길이와 변의 길이는 황금비율을 이룬다).

또한, 20세기 모더니즘 건축의 선구자인 스위스의 르 코르뷔지에(1987~1965)는 건축에 황금비율을 누구보다도 적극적으로 활용하였다. 그는 수의 질서인 비례야말로 건축을 우주와 조화롭게 할 수 있다고 믿었다. 또한 건축의 기본 단위인 **르모듈러**를 창안하였

살바도르 달리, 〈최후의 만찬〉

르모듈러로 이루어진 도형이 그려진 스위스의 10프랑 지폐

는데, 이 단위는 인체의 비례와 황금비율을 이용하여 건축물을 측
정하고 구성하는 것이었다. 그의 건축물은 아름다움과 실용성을
동시에 지녀 큰 사랑을 받았고, 그를 기리기 위하여 2012년까지
스위스의 10프랑 지폐에는 르모듈러로 이루어진 도형이 그려져
있었다. 이 지폐에서 황금비율을 최대한 많이 찾아내는 것도 재미
있는 소일거리일 것이다.

　하지만 주의할 점이 있다. 고대나 르네상스의 미술에서 황금비
율을 찾아내는 것은 끼워 맞추기식 확증편향의 결과인 경우도 많
다. 고전 작품(밀로의 〈비너스〉, 로마 바실리카 성당, 미켈란젤로의 〈천지
창조〉 등)에서 황금비율을 찾아내는 것은 사실 19세기 독일에서 시
작한 유행이며, 그것이 작가가 의도한 것이었는지 엄밀하게 검증
된 경우는 매우 드물다.

디오판토스의 호기심

기원후 3세기 문명의 중심지 알렉산드리아에서 활동했던 수학자 디오판토스는 『산술학』이라는 수학 교재를 남겼다. 이 책에서 디오판토스는 수에 대한 두 가지 근본적인 질문을 다루었다.

첫째는 정확한 수를 다루는 법인데, 예를 들자면 다음과 같은 방정식을 만족하는 모든 정수를 찾고자 하는 문제이다.

$$3x^2 + xy + 3y = 7$$

당장 쉽게 생각할 수 있는 풀이는 $x=1$, $y=1$일 것이다. 하지만 열심히 계산해 보면 $x=-4$, $y=41$도 또 다른 풀이임을 알 수 있다. 그 외에 어떤 정수 풀이가 더 있을까? 이러한 질문은 **디오판토스 해석**(Diophantine analysis)이라는 분야로 정착하였고, 현재에도 많은 수학자의 연구 주제이다.

또 다른 질문은 수의 근사에 관한 것이다. 여기서 근사는 대략적인 값을 구하는 과정을 말하는데 디오판토스가 그리스 단어 '파리소테($\pi\alpha\varrho\iota\sigma\acute{o}\tau\eta\varsigma$)'를 이용하여 이 개념을 설명하였다. 디오판토스는 방정식의 정수해(혹은 유리수해)에 주로 관심이 있었기에 무리수가 해로 등장하는 방정식의 경우 이를 유리수 값으로 근사

디오판토스의 『산술학』 표지

하였다. 이렇게 무리수와 가까운 유리수 값을 찾는 문제는 **디오판토스 근사**(Diophantine approximation)라 불리며 현대 수학의 또 다른 관심사이다.

이번 장에서 우리는 무리수를 유리수로 근사하는 방법, 즉 네모 채우기 놀이에 대하여 알아보았다. 이는 디오판토스 근사의 대표적인 방법이고, 또한 그 모양이 한없이 계속되기에 무리수를 유리수와 구별 짓는 현상이기도 하다. 그렇다면, 우리는 유리수에 대해서는 얼마나 알고 있을까? 분수들을 크기순으로 나열하면 어떤 모양이 보일까? 이러한 질문은 다음 장에서 생각해 보기로 한다.

4세기의 이집트 알렉산드리아는 고대 그리스 시대 이래 찬란한 수학의 전통을 이어 오고 있었다. 인류 역사상 가장 위대한 수학자 중 하나인 유클리드(기원전 3세기), 정수론 학자 디오판토스(3세기), 현대에까지 그 명성이 거론되는 두 명의 기하학자 톨레미(2세기)와 파푸스(3세기) 등의 활동 무대였다. 당시 최대 규모였던 알렉산드리아 도서관이 있었고, 고대 세계 7대 불가사의로 남은 알렉산드리아 등대도 세워졌다.

이렇게 자유롭고 활발한 학문의 분위기가 팽배하였던 당시, 히파티아는 수학자 테온(335~405)의 딸로 태어났다. 그리스-로마 철학의 중심지이기도 한 당시 알렉산드리아에서 히파티아는 인간의 이성과 추상의 가치를 믿는 신플라톤주의 학파의 권위자로 성장하게 된다. 철학자를 상징하는 특유의 망토를 입고 시내를 거닐다 즉흥적인 강의를 열기도 하던 그녀는 시민들의 전폭적인 사랑을 받았다.

천문학, 정치학에도 조예가 깊었지만, 히파티아는 무엇보다 디오판토스의 『산술학』과 아폴로니우스의 원뿔곡선 이론에 정통한 수학자였다.

아폴로니우스의 원뿔곡선 이론은 원뿔을 평면으로 잘랐을 때 생기는 단면의 모양을 연구하는 학문이다. 예를 들면 원, 타원, 포물선 등을 찾아볼 수 있다. 현대 수학에서 이차곡선이라는 이름으로 불리는 이 곡선에 대한 연구는 3세기경 아폴로니우스에 의하

히파티아

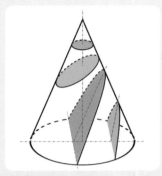
원뿔곡선을 평면으로 잘랐을 때 모습

여 체계화되었다. 히파티아 당시 첨단 수학이었던 이 원뿔곡선 이론은 히파티아의 주석서로 계승되었으나 그 난해함 때문에 수학계의 관심에서 멀어지게 된다. 그리고 1천여 년이 지나 중세가 되어 행성의 운동이 이차곡선을 따른다는 케플러의 충격적인 발견 이후 원뿔곡선 이론은 수학자의 관심을 다시 받게 된다. 또한 히파티아는 디오판토스의 『산술학』, 즉 정수에 대한 주석서를 남겼고 영향력 있는 강의를 하였다고 한다. 또한 알렉산드리아에서 "철학자에게"라고 적힌 편지는 모두 히파티아에게 배달되었다고도 한다.

이렇게 학문에 매진하던 히파티아는 안타깝게도 말년에 폭도에게 잔인하게 살해된다. 히파티아를 후원하던 오레스테스 총독이 정쟁에 휘말리자 그 정적이 히파티아에 대한 모함을 폭도에게 조장한 것이다. 히파티아의 죽음은 당시 동로마 제국에 큰 충격으로 다가왔으며, 분노한 시민들의 여론 때문에 정치적 지형에 많은 변화가 생기게 된다.

히파티아의 주석서는 안타깝게도 대부분 소실되어 이제 그녀의 수학적 깊이를 가늠하기는 어렵다. 원뿔곡선 이론과 산술학은 피상적으로 전혀 관계 없는 수학의 두 분야인데, 이 둘에 정통하였던 히파티아는 어떤 비밀을 발견하였을까? 역사적인 단서는 전혀 없지만 상상의 자유를 행사해 보자면, 다음 장에서 살펴볼 원과 분수 사이의 관계를 혹시 생각해 보지는 않았을까?

데카르트의 정리와
원 채우기 놀이

: 분수의 꿈과 비밀

분수를 늘어놓기

0과 1 사이의 분수를 생각해 보자. 예를 들어, 수직선 위에서 1/2은 0과 1 사이의 정중앙에 예쁘게 놓여 있을 것이다.

0                    $\frac{1}{2}$ 1

그렇다면, 분모가 5 이하인 분수들은 어떻게 놓여 있을까? 1/2, 1/3, 2/3, ···, 4/5를 수직선에 표시해 보면 다음과 같이 모두 11개가 있다.

이 11개의 분수를 크기 순서대로 늘어놓으면 다음과 같은 그래프가 나타난다. 여기서 가로축은 그 분수가 몇 번째로 등장하는지를 나타내고, 각 점의 높이는 각 분수의 크기를 표현한다. 예를 들어, 2/5는 위의 그림에서 5번째로 등장하였으므로, 가로축의 5라는 숫자 위 높이 2/5인 지점에 그렸다. 또한, 구별을 쉽게 하기 위하여 각 분모(1, 2, 3, 4, 5)마다 서로 다른 크기를 주었다.

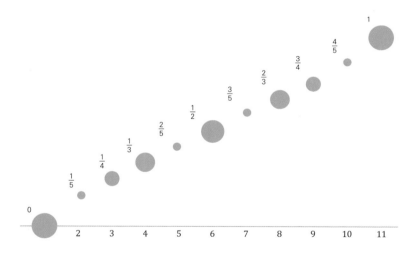

이제 궁금증이 생겨나기 시작한다. 우선, 점의 높이가 들쑥날쑥

하게 증가한다. 첫째와 둘째 선분의 높이인 0과 1/5 사이(0.2)보다 둘째와 셋째인 1/5과 1/4 사이의 차이(0.05)가 훨씬 짧다. 이어서 나오는 1/4과 1/3 사이(0.8333…)는 다시 또 길어진다.

순서도 예측 불허이다. 왜 1/4, 1/3 다음에 2/5가 나올까? 여기에 무슨 규칙이 있을까? 혹시 더 많은 분수를 생각하면 어떨까? 분모가 30 이하인 분수는 모두 279개가 있는데 한번 이들을 크기순으로 나열한 모양을 그려 보자. 더 직선의 모양에 가까워졌다! 왜, 그리고 얼마나 직선에 가까운 걸까.

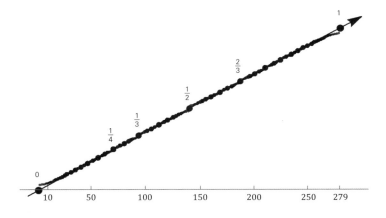

어쩌면 누군가에게는 이런 현상이 분수의 배신으로 느껴질지도 모른다. 어릴 때부터 보아 익숙하게만 생각했던 분수 속에 이런 불규칙함이 숨어 있다니. 이번 장에서는 이러한 분수의 비밀에 대하여 이야기해 보고자 한다.

분수의 꿈

먼저 분모의 순서는 어떻게 정해질까? 이를 위해 **분수의 꿈**이란 것을 정의해 보자. 예를 들어 분수 1/3과 1/2을 생각하자. 초등학교 수학 시간에 배우듯이, 두 분수의 합은 $\frac{1}{3} + \frac{1}{2} = \frac{2}{6} + \frac{3}{6} = \frac{5}{6}$ 처럼 계산할 수 있다. 그런데 조금 천재적인(농담이 아니다!) 아이들이 가끔씩 $\frac{1}{3} + \frac{1}{2} = \frac{1+1}{3+2}$ 과 같은 아주 의미심장한 실수를 하고는 한다. 우리는 두 분수의 **꿈**을 $\frac{b}{a}$ 꿈 $\frac{d}{c} = \frac{b+d}{a+c}$ 와 같이 약속해 보자.

이제 앞에서 한 이야기를 이어 가기 위하여 0에서 1 사이에 있는 모든 분수를 생각해 보자. 분모가 2와 같거나 작은 것들을 모으면 0/1, 1/2, 1/1을 얻을 것이다.

이제 연이은 두 분수마다 꿈을 꾸게 하면 $\frac{0}{1}$ 꿈 $\frac{1}{2} = \frac{1}{3}$, $\frac{1}{2}$ 꿈 $\frac{1}{1}$ $= \frac{2}{3}$ 처럼 새로운 분수가 나오게 된다. 그리고 원래의 분수 사이에 끼워 넣으면 분모가 3 이하인 모든 분수가 나온다.

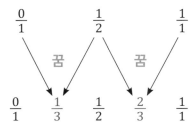

분모 4 이하인 분수는? 한번 더 꿈을 꾸어 보자.

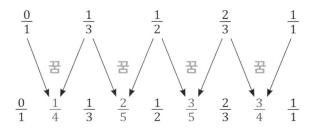

여기서 분모가 4보다 큰 것들을 추려 내고 나면, 분모가 4 이하인 분수가 전부 나온다.

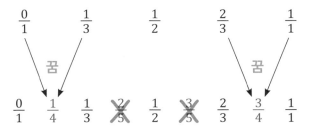

이제 처음의 질문으로 돌아가자. 분수를 크기순으로 나열하는 것에 어떤 규칙이 있는지에 대한 궁금증으로 이 장을 시작하였다. 그리고 우리가 방금 본 대로, 분수의 꿈만 계속 꾸면 0과 1 사이 모든 분수를 **크기순으로** 얻게 된다. 재미있게도 분수의 꿈은 덧셈만 배워도 할 수 있다. 즉, 곱셈이나 나눗셈의 계산 없이도 분수의 꿈을 꾸어 분수들을 크기순으로 나열할 수 있다! 분수의 비밀이 조금은 풀린 것 같기도 하다.

원 채우기 놀이

만일 덧셈조차 복잡하게 느껴지는 날이라면, 그림만으로 분수를 나열하는 방법을 써 보자. 먼저 수직선 위로 0과 1에서 각각 접하는 반지름 1/2의 원을 그려 보자.

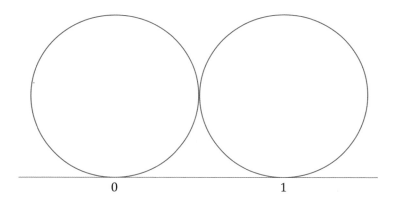

이제, 원과 원 사이에 틈이 하나 생겼다. 다음 단계에는 원과 수직선 사이의 틈에 딱 맞는 원을 채워 넣고, 그 접점을 표시한다. 그러면 우리는 전부 세 개의 원을 얻게 된다.

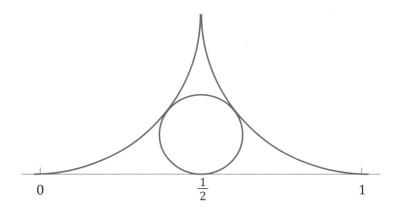

이렇게 수직선과 원 사이의 틈을 하나하나 채워 가는 과정을 우리는 **원 채우기**(circle packing)라고 부른다. 이제 원이 세 개, 틈이 두 개가 있으니 두 개의 원을 더 채워 넣을 수 있다. 접점 주위만을 확대해 그려 보자.

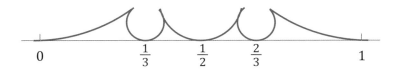

다섯 개의 원을 얻었고, 그들은 수직선과 0, 1/3, 1/2, 2/3, 1에서 접한다. 이젠 네 개의 틈이 보이니 네 개의 원을 더 넣어 보자.

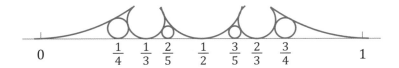

모두 아홉 개의 원을 그릴 수 있다. 분모가 4 이하인 분수는 모두 나왔으나 분모가 5인 분수는 일부(2/5, 3/5)만 나왔음을 관찰할 수 있다. 이렇게 계속하면 틈의 개수는 1, 2, 4, 8, 16, 32, …처럼, 원의 개수는 2, 3, 5, 9, 17, 33, …처럼 늘어난다.

신기하게도 원 채우기의 모든 접점은 분수이다. 따라서 각 단계마다 우리는 2, 3, 5, 9, 17, 33, …개의 분수를 수직선에 그리게 된다. 게다가 모든 분수가 언젠가는 이러한 접점으로 등장하게 된다.

우리는 수를 수직선 위의 점들로 정의하였다. 따라서 분수를 찾는다는 것은, 사실 수직선 위에 분수에 해당하는 점을 표시하겠다는 뜻이다. 이 원 채우기를 이용한다면, 덧셈, 곱셈, 나눗셈을 할 줄 모르는 사람조차도 컴퍼스만으로 분수를 빠짐없이 나열할 수 있다!

위의 그림은 분모에 따라 색깔을 다르게 한 원 채우기이다. 마음이 심란한 날이라면 원 채우기를 계속 해 나가면서 고민을 잊어 보는 것은 어떨까? 끊임없는 근심에서 여러분을 잠깐 떠나 있게 해 줄지도 모른다. 연습장의 예쁜 그림은 덤.

데카르트의 정리

"생각한다 고로 나는 존재한다"는 선언으로 잘 알려진 르네 데카르트(1596~1650)는 수학사의 거인이기도 하다. 평생 아침 11시에 일어나는 늦잠을 생활 습관으로 가지고 있다가, 1649년 스웨덴 여왕의 강력한 요구로 매일 새벽 5시에 나가 철학 강의를 하느라 고생을 하였는데 이것이 그가 1650년 폐렴으로 사망하게 된 원인이라는 기록이 있다.

르네 데카르트

데카르트는 어릴 때부터 병약하여 침대에 누워 있을 때가 많았다고 한다. 일설에 따르면 누워서 천장에서 기어 다니는 파리를 바라보다가 그 움직임을 수로 표현하기 위하여 xy-좌표를 고안해 내었다고 한다. 정확한 계기가 무엇이었건 간에, 좌표의 발견은 두 개의 다른 학문으로 여겨지던 기하학과 대수학이 결합하여 해석기하학이 탄생하게 된 수학사의 중요한 사건이었다.

기하학에서 유명한 데카르트 정리는 서로서로 접하는 네 개의 원을 다루고 있다. 구체적으로 말하면, "네 원의 반지름의 역수들의 합의 제곱은, 그 역수의 제곱들의 합의 두 배이다"라는 내용이다.

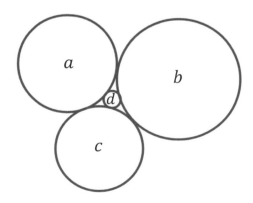

$$\left(\frac{1}{a}+\frac{1}{b}+\frac{1}{c}+\frac{1}{d}\right)^2 = 2\left(\frac{1}{a^2}+\frac{1}{b^2}+\frac{1}{c^2}+\frac{1}{d^2}\right)$$

이 관계식은 아래의 그림처럼 반지름이 a, b, c인 세 원과 한 직선이 접하는 원 채우기에도 적용된다. 이 경우, 직선은 반지름이 매우 매우 큰 원과 비슷하므로 d의 값에 무한대를 대입하여 볼 수 있다. 이때, $1/d$의 값은 0이라 생각할 수 있으므로 관계식 $\left(\frac{1}{a}+\frac{1}{b}+\frac{1}{c}\right)^2 = 2\left(\frac{1}{a^2}+\frac{1}{b^2}+\frac{1}{c^2}\right)$을 얻는다.

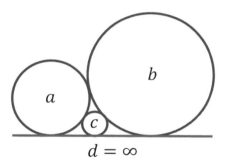

$$d = \infty$$

마지막 관계식을 이용하면 다음 그림에 있는 원의 반지름을 모두 계산해 볼 수 있다. 가장 큰 원의 반지름은 1/2, 그다음은 1/8, 1/18, 1/32 등등이 된다. 이러한 반지름의 역수를 각각의 원에 채우면 다음과 같은 그림을 얻게 된다.

　데카르트의 정리를 이용하면 원의 내부도 반지름이 유리수인 원으로 가득 메울 수 있다. 예를 들어, 아래의 그림은 반지름이 1인 원의 내부를 다양한 크기의 원으로 메운 그림이다. 원에 쓰여진 수는 위와 마찬가지로 반지름의 역수인데, 반지름이 1/5, 1/8, 1/12 등인 원을 찾을 수 있다. 한국인 수학자 오희(1969~)는 이렇게 나타나는 반지름 값 사이의 놀라운 규칙성을 찾아내어 그 내용으로 2010년 세계수학자대회에서 초청강연을 하였다.

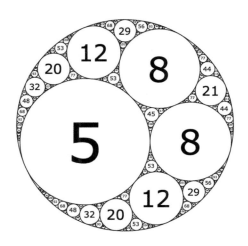

분수와 직선

이제 우리의 두 번째 질문을 다시 생각해 보자. 분모가 30 이하
인 분수를 크기순으로 나열한 그림이 다음과 같이 나타났다. 처음
과 마지막, 즉 가장 크게 그려진 두 개의 점을 이은 직선을 생각해
보자. 분수의 나열은 이 직선에 왜, 그리고 얼마나 가까울까?

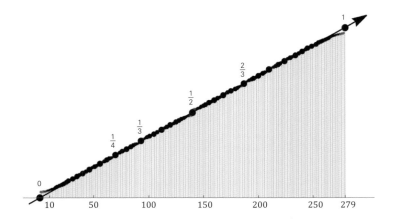

혹자는 점점 더 많은 분수가 빼곡하게 수직선을 채워 나가니 결
국 직선이 나오는 것 아니냐고 반문할 수도 있겠다. 이에 대한 대답
을 위하여 다시 한번 원 채우기를 생각해 보자. 우리는 단계별로 2,
3, 5, 9, 17, 33, 65, …개의 원을 찾아 나갔고, 그 접점은 모두 유리
수였다. 이러한 유리수를 크기순으로 나열하면 어떨까? 먼저 다음

그림처럼 원 채우기 4단계에 있는 9개의 접점을 크기순으로 그려 보자.

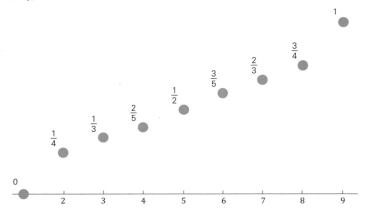

이제 6단계의 원 33개가 가지는 접점을 나열하여 보아도, 그 모 양은 여전히 직선으로 보이지 않는다.

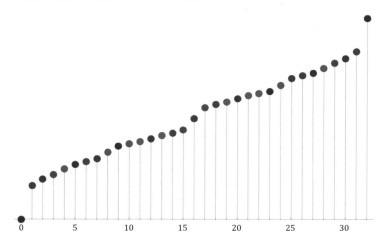

도대체 무슨 모양일까? 19세기 러시아 출신의 독일 수학자 헤르만 민코프스키(1864~1909)는 이렇게 원 채우기를 통하여 얻어지는 유리수들의 모양을 정확하게 찾아내었다. 답은 직선이 아니었다. 아래처럼 자기 자신의 모양이 끊임없이 반복되는 신기한 형태이고, 결국 **민코프스키의 물음표함수**라는 이름으로 불리게 되었다.

이렇게 원 채우기를 통해 얻어지는 분수의 모양은 직선이 아니다. 이제 다시 앞서 소개한 279개 분수 그림으로 돌아가 보자. 분모를 30 이하로 한정한 분수를 모으면 언뜻 직선처럼 보이게 된다. 즉 원 채우기와는 달리, 분모를 한정하여 분수를 모으는 것에 무언가 특별함이 있다는 뜻이다.

30 이하로 한정한 분수의 나열을 직선과 비교해 보자. 그 사이의 오차를 그려 보면 다음과 같은 모양이 나온다. 그림에서 수직선 위에 높이 있는 점들은 분수의 나열이 직선보다 더 큰 경우이고,

아래에 있는 점은 더 작은 경우이다.

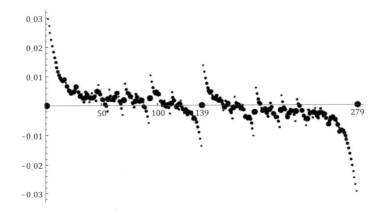

분모가 100 이하인 모든 분수에 대하여 이 오차를 나열해 보면
어떨까?

자기 자신이 점점 더 작아지면서 반복되는 모양이다. 실제로 $n = 1, 2, 3, 4, 5, \cdots$가 변할 때 분모가 n 이하인 모든 분수에 대하여 이 모양을 예측하는 것은 아주 아주 어려운 문제이다. 20세기 들어 수학자들은 이 오차가 그다지 크지 않아 결국 분수의 나열이 직선에 가까워진다는 것을 증명하였다.

이 오차를 좀더 정확하게 계산하는 것은 여전히 너무 어려운 문제이다. 예를 들어, 이러한 오차의 합이 대략 $\sqrt{n}$ 정도라는 것은 우리가 1장에서 본 리만 가설과 논리적으로 동일한 문제이다. 이 그림의 비밀을 모두 풀어낸다면 21세기 최고의 수학 난제 중 하나인 리만 가설을 증명할 수도 있다는 것이다. 이 그림을 가만히 명상하면서 리만 가설의 비밀을 음미해 보면 어떨까?

$$\frac{1}{99} = 0.01\ 01\ 01\ 01\ 01\cdots = \left(\frac{1}{100} + \frac{1}{100^2} + \frac{1}{100^3} + \cdots\right)$$

$$\frac{1}{100} \cdot \frac{1}{99} = 0.00\ 01\ 01\ 01\ 01\cdots$$

$$\frac{1}{100^2} \cdot \frac{1}{99} = 0.00\ 00\ 01\ 01\ 01\cdots$$

$$\frac{1}{100^3} \cdot \frac{1}{99} = 0.00\ 00\ 00\ 01\ 01\cdots$$

• • •

$$\frac{1}{99} = 0.00\ 01\ 02\ 03\ 04\ 05\cdots$$

$$\boxed{\frac{1}{99}} = 0.00\ 01\ 02\ 03\ 04\ 05\ \cdots\ 95\ 96\ 97\ 99\ 00\ 01\ 02\cdots \text{(반복)}$$

$$\frac{1}{9801} = \left(\frac{1}{100} + \frac{1}{100^2} + \frac{1}{100^3} + \cdots\right)$$

$$\frac{1}{999} \cdot \frac{1}{999} = \frac{1}{998001} = 0.000\ 001\ 002\ 003\ 004\ \cdots\ 996\ 997\ 999\ 000\ 001\cdots \text{(반복)}$$

비슷한 방법으로,

수학을 믿어도 될까?

: 의심의 불씨와 폭발

2+2=5를 증명할 수 있을까

우리 삶의 많은 부분은 수학으로 이루어져 있다. 예금의 이자나 자동차 할부금, 축구팀의 월드컵 진출을 위한 경우의 수, 경제의 성장률이나 사회의 불평등 지수처럼 수학적 사고를 통하여 세상을 바라보기도 한다. 이럴 때 '수학적 사실'이라는 말은 절대 틀리지 않는 진리라는 의미로 통용되고는 한다.

심지어 우리는 목숨을 수학에 걸기도 한다. 자동차의 엔진 분사나, 비행기의 자동항법, 약의 성분 배합처럼 잘못된 대처가 심각한 위험을 가져올 수 있는 상황에서도 우리는 수학을 신뢰한다. 수학의 규칙을 통하여 답을 구하였다면, 그 답을 믿어도 아무 문제가 없을 것이라 생각한다.

어려운 수학 문제는 있을지언정, 수학 자체가 틀리는 경우는 없을 거라고 믿는 것이다. 그리고, 수학으로 도출된 사실은 모두 진실일 것이라 예상한다. 정말 그런 걸까? 그건 누가 정한 것일까? 수학은 정말 믿고 써도 안전한 것일까?

우리는 경험을 통하여 $2+2$는 5가 아니라는 것을 알고 있다. 빵을 두 개씩 두 번 팔고 나서 다섯 개의 값을 받겠다는 가게가 있다면 아마 다시는 손님을 받지 못할 것이다. 그런데, 만일 어떤 천재 수학자가 모두가 잘 알고 있는 사실로부터 $2+2$가 5라는 것을 수학적으로 유도해 낸다면 어떻게 될까? 그동안의 모든 수학은 엉망이므로 전부 폐기 처분해야 할까? 그러한 천재가 영원히 없을 것이라고 확신할 수 있을까?

이번 장에서는 19세기 사람들 마음속에 점점 자라나게 된 이런 의심과, 이에 대한 수학자들의 응전에 대해 알아보려고 한다.

수학은 안전할까

19세기는 수학사에서 다시 보기 힘든 격변의 시대였다. 수학은 자연과학에서 명확하게 분화하였고, 그 자체로서의 가치를 인정받기 시작하였다. 현대 수학의 많은 분야가 탄생하였으며, 눈부신 발전이 이루어졌다. 3대 작도 불능 문제(9장), 유클리드 평행선 공리의 증명 불가능성(10장) 등 그리스 시대 이후 2천여 년간 인류가 고민하던 여러 난제가 동시대에 해결되었다. 소수정리(1장), 무한의 개념(2장), 가우스와 리만의 기하학(10장) 모두 같은 시대에 나온 찬란한 이론이다.

이러한 급격한 발전과 맞물려 수학은 또한 엄밀함에 대한 강박적인 회의를 겪어야 하였다. 강력하고 아름답더라도 엄밀함이 결여된 수학은 더 이상 인정받기 힘들게 되었는데, 특히 칸토어의 무한(2장)에 대한 이론이 학계의 사나운 비판 속에 있었다. 무한을 단순하게 끝없이 커지는 상태로 보는 것이 아니라, 마치 수처럼 더하거나 심지어 거듭제곱을 취하기도 하는 칸토어의 변화무쌍한 이론은 수학자의 마음을 불편하게 하였다. 세상에 없고 우리의 직관도 닿지 않는 무한을 수학에 가져와도 되는 것일까. 우리 수학의 토대에 대한 근본적인 의심이 생겨나기 시작하였다.

수학에는 모순이 없을까

수학의 토대에 대해 가질 수 있는 가장 큰 두려움은 모순이다.

여기서 **모순**이란 어떤 명제와 그 명제의 반대(부정)를 동시에 증명하게 되는 상황을 말한다.

예를 들어 다음의 명제를 생각해 보자.

어떤 정수 x의 제곱이 짝수이면, x도 짝수이다.

예를 들어 짝수인 2, 4, 6, 8의 제곱은 4, 16, 36, 64로서 모두 짝수이다. 한편 홀수인 1, 3, 5, 7의 제곱은 모두 홀수이다. 짝수는 항상 $2n$ 꼴로 쓸 수 있고, 짝수가 아닌 수인 홀수는 항상 $2n+1$ 꼴로 쓸 수 있음이 잘 알려져 있다.

이제 위의 명제를 증명하기 위하여, 우리는 그 명제가 틀렸다고 가정해 보자. 그렇다면 우리는 어떤 정수 x를 찾을 수 있어서 다음이 성립한다.

(1) x는 명제의 가정을 만족한다 : 즉, x^2은 짝수이다.
(2) x는 명제의 결론에 어긋난다 : 즉, x는 짝수가 아니다.

그렇다면 (2)에 의하여 $x=2n+1$ 꼴로 쓸 수 있다. 이때 $x^2=(2n+1)^2=4n^2+4n+1=2(2n^2+2n)+1$이다. 즉 x^2은 $2N+1$ 꼴로 쓸 수 있으므로, 다음을 얻는다.

(3) x^2은 짝수가 아니다.

이제 (1)과 (3)은 서로 부정의 관계에 있어서 절대로 양립할 수 없다. 즉, 우리는 모순을 얻고 **따라서** "명제가 틀렸다"는 최초의 가정이 잘못되었다는 결론을 내릴 수 있다. 이렇게 결론을 부정하여 모순을 찾는 논증법을 **귀류법**이라 부른다.

이 논증이 납득이 되는가? 저 "따라서"라는 논리의 진행이 왜 성립할까?

이 논리의 진행에는 사실 어떤 명제와 그 부정이 동시에 성립할 수 없다는 법칙인 **비모순율**이 사용되었다. x^2이 짝수이면서 짝수가 아닐 수는 없다! 이 비모순율은 고대 그리스 시절부터 논리학의 근간에 견고하게 자리잡고 있는 법칙이다. 중세 페르시아의 수학자 이븐 시나(980~1037)는 "비모순율을 부정하는 사람은 아픈 것과 안 아픈 것이 다르다는 것을 깨달을 때까지 두들겨 맞아야 한다"라며 농담 섞인 사고 실험을 제시하기도 하였다.

정말 그럴까? 만일 우리의 수학에 모순이 있다면 어떻게 될까? 만일, 누군가가 짝수이면서 짝수가 아닌 수를 찾게 된다면? 만일 누군가가 짝수 0과 홀수 1이 같다는 것을 증명한다면?

그 순간 우리의 모든 수학은 완전하게 무너진다! 수학에서 쓰이는 논리의 규칙에 따르면, 단 하나의 모순만 찾아도 수학의 모든 명제는 "증명 가능함"으로 바뀌기 때문이다. 페르마의 마지막 정리, 푸앵카레 추측 등 20세기 최고의 수학 업적들도 아무런 의미 없이 한 줄짜리 증명을 가지게 된다. 리만 가설(1장) 같은 미해결 문제도 모두 수학의 영역에서 사라져 버린다. 그렇다면, 우리의 수학에는 모순이 정말 없는 것일까?

수학은 무엇을 다룰 수 있을까

모순에 대한 걱정은 결국 수학은 무엇인가에 대한 질문과 맞닿아 있다.

모든 크레타 사람은 거짓말쟁이이다.

이는 기원전 6세기 크레타의 철학자였던 에피메니데스의 역설로 전하는 문구인데, 곱씹어 볼수록 심각한 문제를 가지고 있다. 만일 이 문구가 참이라면, 에피메니데스 역시 거짓말쟁이이고 따라서 이 문구는 거짓이다. 마찬가지로, 만일 거짓이라면 에피메니데스는 옳은 명제를 말하는 사람이고 따라서 에피메니데스의 저 발언 역시 참일 것이다.

상황을 좀더 극명하게 보려면 다음 명제를 생각해 보아도 좋겠다.

이 문장은 거짓이다.

위의 문장은 참인가, 거짓인가? 참이라면 문장은 그 내용으로 미루어 거짓이 되고, 거짓이라면 문장의 내용이 다시 참이 된다. 화가 M. C. 에셔는 〈그리는 손〉이라는 그림을 통하여 자기 스스로를 논하는 문장은 참과 거짓 자체를 논할 수 없는 심각한 결함이 있음을 표현하였다.

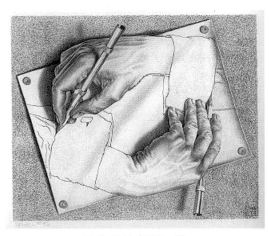

M. C. 에셔, 〈그리는 손〉

버트런드 러셀

알프레드 화이트헤드

거짓말쟁이의 역설 자체는 사실 수학에 대한 큰 도전이 아니었다. 오히려 언어의 한계에 가까운 역설이었고, 수학적인 모순을 드러내는 것은 아니었다. 이러한 역설을 피하기 위한 여러 손쉬운 해결책이 논리학에 있는데, 특히 알프레드 타르스키는 "언어"와 "문장의 참, 거짓을 논하는 **메타언어**"를 분리하여 생각할 것을 제시하기도 하였다.

그런데 수학자이자 철학자인 버트런드 러셀(1872~1970)은 이 거짓말쟁이의 역설을 응용하여 "모든 집합들의 집합"은 우리의 수학 체계 안에 있을 수 없음을 보였다. 수학처럼 보이는 모든 것이 다 수학의 대상은 아닌 것이다.

그렇다면 수학은 무엇을 다루는가? 러셀은 알프레드 화이트헤드와 함께 이 문제를 해결하고자 2000쪽에 달하는 『수학 원리』를 저술한다. 믿고 쓸 수 있는 수학을 만들려는 이들의 노력은 **논리주의**라고도 불리는데, 그 이유는 수학이 다루는 대상을 엄밀한 논리 체계의 일부로 하려 했기 때문이다. 하지만 이들의 접근은 대단히 복잡하여 직관에서 멀어졌고, 원래 그들이 희망하던 것만큼 성공하지는 못하였다. 실제로, 『수학 원리』에서 $2 + 2 = 5$를 증명하는 데에는 대략 1000쪽의 준비 과정이 필요하였다.

힐베르트 프로그램의 시작

　새로운 세기가 시작하는 1900년도에 수학자들은 '제1회 국제 수학자 대회'를 개최하였다. 국경과 이념을 뛰어넘어 모인 사람들은 가장 보편적인 언어인 수학으로 최신의 이론을 이야기하였다. 여기서 당시 학계의 떠오르는 별이었던 힐베르트는 23개의 '힐베르트 문제'를 제시하였고, 그 문제들은 그 후 한 세기가 지난 지금까지도 수학자들에게 깊은 영감과 도전을 주고 있다.

　힐베르트는 그중 여러 문제를 수학의 기초에 할애하였다. 힐베르트의 1번 문제는 2장에서 보았던 연속체 가설이며 칸토어의 집합론에 대한 아주 근본적인 질문이다. 그리고 2번 문제는 수학에 모순이 없다는 것을 증명하라는 것이다.

또한 10번 문제는 $x^3+y^3+z^3=42$와 같은 디오판토스 방정식 (3장)이 정수 풀이를 가지는지 기계적으로 판별할 수 있는가 하는 내용이다. 이러한 질문은 보통 굉장히 어려운데, 특히 위 방정식의 정수해는 2019년이 되어서야 앤드류 부커와 앤드류 서덜랜드가 아래와 같이 찾아내었다.

$$(-80{,}538{,}738{,}812{,}075{,}974)^3 + (80{,}435{,}758{,}145{,}817{,}515)^3$$
$$+ (12{,}602{,}123{,}297{,}335{,}631)^3 = 42$$

힐베르트 자신 역시 수학을 견고한 토대에 올려놓기 위하여 노력하였다. 그는 논리주의를 발전시켰고, 수학이 무미건조한 기호와 엄밀한 논리 규칙으로 이루어져 있다는 **형식주의**를 제창하였다. 수많은 수학자가 형식주의의 토대 위에서 수학의 무모순성을 증명하려 노력하였고, 이러한 시도는 힐베르트 프로그램이라는 이름을 얻게 되었다. 물론 수학을 생각하고 발전시키는 것은 사람들의 반짝이고 아름다운 아이디어이지만, 그 진리 자체는 견고한 규칙에 따라 나열된 기호들이라는 내용이다.

20세기 초에는 힐베르트 프로그램 외에도 수학의 무모순성에 대한 여러 이론이 첨예하게 대립하였다. L. E. J. 브라우어(1881~

1966)는 수학자의 주관적인 직관이야말로 수학의 핵심이며, 구체적으로 그 예를 만들어 낼 수 있는 수학 명제만을 믿어야 한다고 주장하였다. 이러한 **직관주의**를 주장한 브라우어는 힐베르트와 과격하고 신랄한 비판을 주고받아 힐베르트-브라우어 논쟁을 수학사에 남기기도 한다. 그리고 러셀의 **논리주의**와 비트겐슈타인의 **언어주의**도 수학이란 무엇인가에 대한 탐구에 큰 영향력을 가지고 있었다.

1930년, 독일 쾨니히스베르크에서 열린 '제2회 정밀과학 학회'에서는 이 네 개의 이론(논리주의, 형식주의, 직관주의, 언어주의)을 각각 대표하는 네 명의 학자와 함께 24살의 청년 수학자 괴델을 초청한다. 여기서 괴델은 '불완전성 정리'를 발표하였고 모든 수학자를 경악하게 만들었다. 수학의 형식적인 토대를 아무리 잘 만들더라도 거기에 모순이 없음은 절대 증명할 수 없다는 내용이었다.

예를 들어 2 + 2가 5와 다르다는 것은 쉽게 증명할 수 있다. 만일 어떤 천재가 2 + 2가 5와 같다는 것을 증명하는 데에 성공한다면, 우리의 수학은 2 + 2 = 5라는 명제가 참이면서 동시에 거짓이라는 모순에 다다르게 된다. 그 천재는 수학에서 모순을 찾아내게 되는 것이다. 다시 말해, "우리의 수학에 모순이 없다"는 명제는 "2 + 2 = 5를 증명할 수 있는 사람은 없다"라고 표현할 수 있다.

그런데 괴델은 이러한 명제를 증명할 수 없다고 하였다. 요약하자면, 아래의 명제는 증명할 수 없다는 것이 괴델의 결과이다.

우리의 수학에 모순이 없다.

장밋빛 미래를 그리던 형식주의 위에 뜬금없이 떨어진 폭탄이었다.

증명의 나무

괴델의 결과를 이해하기 위하여 먼저 증명이 무엇일까 생각해 보자. 우리가 사용하는 수학은 **증명의 나무**로 이루어져 있다.

먼저 증명 없이 받아들이기로 하는 **공리**가 있고, 또한 삼단논법과 같은 **추론의 규칙**이 있다. 우리는 제일 윗줄에 있는 공리로부터 시작하여 논리 법칙에 맞게 이들을 조합하여 중간 단계들을 거치고 결국 제일 아랫줄에 있는 결론에 도달하게 된다. 예를 들어, 우리가 쓰는 자연수에 대한 공리를 조합한다면 어렵지 않게 "2 + 2와 5는 다르다"라는 명제를 증명할 수 있다.

이렇게 결론을 공리로부터 논리적으로 도출해 내는 작업을 형

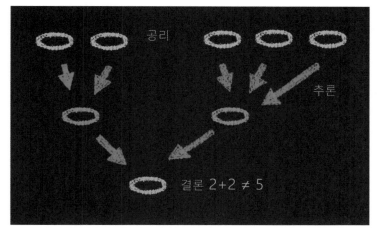

증명의 나무

식논리라 하는데 이는 6권에 달하는 아리스토텔레스의 『오르가
논』이라는 책에서 이미 엄밀하게 다루었다. 서구 철학에서 이러한
논리학에 대한 신뢰는 절대적이었는데, 특히 임마누엘 칸트는 자
신의 『순수이성비판』에서 아리스토텔레스가 정립한 논리학을 완
벽에 다다른 학문으로 묘사하기도 하였다.

그렇다면 이러한 증명의 나무에서 바라본 **모순**이란 무엇일까?
우리가 받아들이기로 한 공리로부터 추론의 규칙을 잘 적용해 보
았더니, 서로 반대되는 두 명제를 증명하게 되는 상황이다. 예를
들어, "2+2와 5는 같다"는 명제 또한 증명하게 되는 상황을 말
한다.

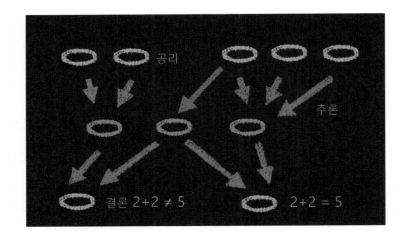

공리

추론

결론 2+2 ≠ 5

2+2 = 5

　이제 귀류법에 대한 이야기로 돌아가보자. "제곱이 짝수인 수는 짝수이다"를 증명하기 위하여 우리는 결론을 부정하여 "짝수가 아니지만 제곱이 짝수인 수가 존재한다"를 가정하여 보았다. 그랬더니 우리는 어떤 수가 짝수이면서 홀수라는 모순에 봉착하였다.

　여기서 우리는 수학에 대한 어마어마한 가정을 하나 사용하게 되는데, 그것은 수학에 모순이 없다는 것이다. 우리보다 고등한 생명체가 수학에서 모순을 찾는 것이 불가능함을 알려주었다고 생각하여도 좋다. 그러면 우리가 봉착한 이 모순은 우리가 세운 가정 "짝수가 아니지만 제곱이 짝수인 수가 존재한다"에서 연유한 것이지 수학 자체의 모순이 아니다. 따라서, 가정이 잘못되었다. 모순에 봉착한 순간 결론을 부정하면 안 된다는 것을 우리는 깨닫게 되

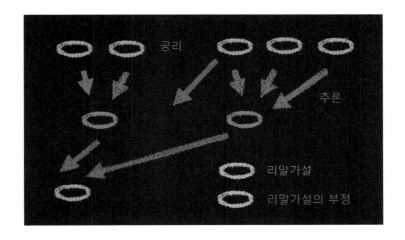

는 것이다. 이로써 우리는 결론을 증명하게 된다

요약하자면, 귀류법이라는 논증법은 수학에 모순이 없다는 가정을 꼭 사용하여야만 정당화되는 방법이다. 아마도 우리 수학에 모순이 없겠지만, 이를 증명할 수는 없다는 것이 괴델의 결과이다.

수학 체계에 대한 또 다른 걱정으로는 **증명 불가능한 명제**가 있다. 이는 위의 그림처럼 리만 가설이 성립함도, 리만 가설의 부정도 절대 증명할 수 없는 상황을 말한다. 공리를 아무리 잘 조합해 보지만 도저히 어느 쪽으로도 증명의 나무를 따라가지 못하는 경우가 있지 않을까 하는 걱정이다.

괴델의 코드

이러한 수학에 대한 걱정을 해결하기 위하여 괴델은 먼저 모든 수학적인 명제를 수로 치환하였다. 즉, 논리기호 각각에 코드를 대응시키는 것이다.

기호	0	⟨	S	(	)
코드	1	2	3	4	5

여기서 S는 "다음 수"라는 뜻이다. 예를 들어 2는 0에 함수 S를 두 번 적용하여 얻을 수 있으므로 2라는 아라비아 숫자 대신에 $S(S(0))$로 표현한다.

그러면 모든 수학적인 명제는 코드의 나열로 표현 가능하다. 예를 들어, "0은 2보다 작다"는 명제는 $0 < S(S(0))$으로 표현할 수 있다. 위의 표를 이용하여 암호화하면 위의 문장은 코드의 나열 1 2 3 4 3 4 1 5 5로 바뀌게 된다.

0	⟨	S	(	S	(	0	)	)
1	2	3	4	3	4	1	5	5

이런 코드를 하나의 수로 나타내는 아이디어는 2장에서 언급한 힐베르트 호텔과 비슷하다. 무한히 많은 호텔 각각에 무한히 많은 손님이 있을 때, 이들 모두를 하나의 호텔에 모을 수 있을까? 괴델은 증가하는 소수의 수열 2, 3, 5, 7, 11, 13, 17, 19, 23, …을 생각하고 앞의 코드 123434155를 각 소수의 지수로 얹어 주어 **괴델의 코드**, 혹은 **괴델수**를 만들었다.

$$2^1 \times 3^2 \times 5^3 \times 7^4 \times 11^3 \times 13^4 \times 17^1 \times 19^5 \times 23^5$$
$$= 5563937575950706033211113077750$$

이 어마어마한 수가 바로 하나의 명제 "0은 2보다 작다"를 괴델수로 코딩한 것이다.

이제 모든 수학적 문장이 하나의 괴델수에 대응된다. 그리고, 소인수분해의 유일성을 이용하면 조금이라도 다른 문장은 서로 다른 괴델수를 가지게 됨을 보일 수 있다. 『성경』, 톨스토이의 『죄와 벌』, 『조선왕조실록』과 같이 매우 긴 책도 단 하나의 괴델수로 표현할 수 있게 되는 것이다(물론 그 수는 우주에 있는 원자의 개수보다도 훨씬 더 클 것이다).

존재하면, 찾는다

괴델은 어떤 명제의 증명이 존재한다면, 이론적으로는 언젠가 그 증명을 찾을 수 있다고 관찰하였다. 예를 들어, 매일 서로 다른 알파벳의 나열을 인쇄하는 프린터를 생각해 보자. 오늘은 a, b, c, …를 인쇄하고, 내일은 aa, ab, ac, …, ba, bb, bc, … 이렇게 모든 두 글자 나열을 인쇄하고. 세 글자, 네 글자로 늘어나면서 계속 인쇄하다 보면 아주 오랜 시간이 지나면 어느 날은 『성경』이 출력되고, 어느 날은 『죄와 벌』이 한 글자의 오차도 없이 나오지 않을까?

그래서 만일 어떤 명제로 가는 증명의 나무가 있다면, 그 증명의 과정이 언젠가는 인쇄될 것이라는 것이다. 리만 가설이 증명 가능한지는 모르지만, 만일 증명 가능하다면 언젠가는 인쇄될 것이다. 즉, 어떤 명제가 증명 가능하다면, 우리는 그 명제가 증명 가능함을 (인쇄된 종이를 보여 줌으로써) 증명할 수 있다.

이러한 관찰을 다시 표현하면 **(가)가 (나)를 함의한다**라고 표현할 수 있다. (가)를 증명할 수 있다면, 거기에서 (나)의 증명을 유도해 낼 수 있는 것이다. 더 자세히 이야기하자면, 수학의 공리로부터 명제 P로 가는 증명의 나무가 있다면, "P는 증명 가능하다"라는 명제로 가는 증명의 나무 역시 있다는 이야기이다.

(가) 명제 P

(나) 명제 P는 증명 가능하다.

    이렇게 수학에서 "증명할 수 있다"는 것은 수백 년이 걸리건, 수십억 년이 걸리건 시간만 충분하다면 그 증명을 찾을 수 있다는 뜻이다. 이제 괴델 정리를 이해하기 위한 준비는 모두 끝났다. 다음 장에서는 괴델이 자신의 정리를 어떻게 증명하였는지 알아보도록 하자.

2 + 2 = 5 이야기

데카르트는 자신의 라틴어 저서 『제1철학에 관한 성찰』에서 자명한 진리의 예로 "2 + 2 = 4"라는 문장을 제시한 바 있다. 이에 근거하여 중세 시대 저자들은 "2 + 2 = 5"를 "틀림없는 오류"의 예로써 종종 사용하게 된다.

이 문장이 특별히 유명해진 것은 조지 오웰(1903~1950)의 소설 『1984』를 통해서이다. 가까운 미래, 전체주의의 감시와 폭압 속에 살고 있는 사람들의 이야기인 이 소설에서 권력의 반지성주의, 기만적인 정보 전달을 비꼬기 위하여 그는 2 + 2 = 5라는 문장을 사용한다. 전체주의 정부가 2 + 2 = 5를 선언하는 순간, 국민은 결국 이를 받아들이고 왜곡 속에 빠져 살아야 한다는 내용이다. 지금도 문학이나 정치권에서 현실 왜곡의 의미로 2 + 2 = 5란 문장을 종종 사용하고 있다. 실제로 라디오헤드라는 록 그룹이 〈2 + 2 = 5〉라는 사회비판적 음악을 발표하기도 하였다.

우리의 책에서 2 + 2 = 5의 의미는 조금 다르게 쓰이고 있다. 강요된 거짓을 의미하는 것이 아니라, "수학에 모순이 있음"을 의미한다. "1 + 1 = 3"이나 "1은 2와 같다", 혹은 "피타고라스의 정리는 틀렸다"로 바꾸어도 동일하다. 이러한 관점에 착안하여 미국의 수학자 조지 불로스(1940~1996)는 「단음절 단어로 괴델의 제2불완전성정리를 설명하기」라는 에세이에서 괴델 정리의 내용을 "2 + 2 = 5"라는 문장으로 위트 있게 설명하고 있다. 점점 알쏭달쏭해지는 그 에세이의 하이라이트는 다음의 문장이다(여러 번 읽어도 이해가 되지 않는다면, 정상이다).

사실, '만일 2 더하기 2가 5라는 것을 증명할 수는 없다는 명제
를 증명할 수 있다면, 2 더하기 2가 5라는 것도 증명할 수 있다'
라는 문장은 증명할 수 있다.

다음 장에서 괴델 정리를 차분하게 이해해 보고 다시 이 수수께끼를 들
여다보기로 하자.

수학의 토대를 살펴보다

: 괴델의 불완전성 정리

괴델의 첫 번째 불완전성 정리

　19세기 말 사람들은 수학의 토대에 대한 의문을 조금씩 품어 가고 있었다. 수학으로 증명한 것은 왜 사실이지? 그건 누가 정한 것인가? 도대체 수학이란 무엇인가?

　그리고 20세기 초, 괴델은 그 유명한 불완전성 정리를 발표하여 사람들을 충격에 빠뜨렸다. 아무리 수학을 세련되게 발전시켜도 절대로 풀 수 없는 문제가 있다는 내용이다. 괴델은 이 정리를 어떻게 찾아내었을까? 그래서 결국, 우리는 수학을 믿고 써도 되는 것일까?

　이에 대한 대답으로, 먼저 괴델은 **수학의 체계**를 생각하였다. 여기서 체계라는 것은 수학이 일어나는 논리적인 운동장 같은 것이다. 인류의 문명을 지탱하고 있는 수학의 토대라 생각하여도 좋다. 이상적인 체계라면 마땅히 가져야 할 세 가지 **덕목**이 있는데 이는 "모순이 없고, 강력하고, 효율적"이라는 것이다.

모순이 없다는 것은 5장에서 보았듯이 어떤 명제와 그 부정으로 가는 증명의 나무가 동시에 있어서는 안 된다는 것이다.

강력하다는 것은 그 체계가 적어도 자연수의 덧셈과 곱셈은 할 수 있는 수학 체계여야 한다는 것이다. 예를 들어, 아무 내용도 구조도 없이 0이라는 숫자 하나만 달랑 있는 체계라면 모순이라 불릴 것은 없지만 이 체계를 이용하여 할 수 있는 일도 없다. 우리가 관심 있는 체계는 $1 + 2 + 3$ 같은 덧셈이나 $2 \times 3 \times 5$ 같은 소인수분해를 계산할 수 있는 수학 체계이다.

마지막으로 **효율적**인 체계에서는 주어진 증명이 정말 맞는지 기계적으로 판단할 수 있다. 이 부분은 논리의 규칙에 맞고, 저 부분은 틀렸고 등을 컴퓨터가 판단할 수 있다는 것이다. 이때 괴델은 다음을 증명하였다.

괴델의 제1 불완전성 정리

모순이 없고, 강력하고, 효율적인 수학 체계에는 반드시 증명도 반증도 불가능한 명제가 있다.

우리가 사용하는 수학 체계에는 증명의 나무로 절대로 맞고 틀림에 다가갈 수 없는 명제가 있다는 것이다. 우리가 중고등학교 때 배우는 덧셈, 곱셈, 미적분 등이 이러한 수학 체계에 모두 포함된다.

괴델의 정리가 성립하지 않는 체계도 많다. 예를 들어 유클리드의 『원론』에 나오는 평면기하학 체계를 생각해 보자(10장 참조). 이 평면기하학은 다각형과 원을 잘 다룰 수는 있지만 소인수분해 같은 자연수의 곱셈을 다룰 수는 없다. 즉 강력하지 않은 체계이다. 이렇게 강력하지 않은 체계에서는 괴델의 정리가 성립하지 않을 수 있다. 실제로, 평면기하학의 모든 명제는 항상 증명하거나 반증할 수 있다.

예쁜 명제는 있다

괴델 증명의 핵심은 칸토어의 대각논법(2장)을 변형하는 것이었다. 괴델의 **대각화 정리**라 불리는 내용인데, 우리가 생각하는 대부분의 수학 체계에는 어떤 **'예쁜 명제'**가 있어서 다음 두 가지 명제가 동치라는 것이다. 예쁜 명제는 예를 들어 아주 어려운 문제, 리만 가설이라 상상해 보아도 좋다.

(1) 예쁜 명제

(2) 예쁜 명제는 증명할 수 없다.

동치라는 말은 어느 하나로부터 나머지 하나를 유도해 낼 수 있다는 것이다. 다시 말해, 수학의 공리로부터 예쁜 명제로 가는 증명의 나무가 있다면 "예쁜 명제는 증명할 수 없다"라는 주장으로 가는 증명의 나무도 있다는 것이고 그 반대도 성립한다.

그런데, 우리는 지난 장에서 어떤 명제 P를 가져와도 (가)가 (나)를 함의한다고 하였다.

(가) P

(나) P는 증명 가능하다.

따라서, P 대신 예쁜 명제를 대입하고 나면 (가)′이 (나)′을 함의한다.

(가)′ 예쁜 명제

(나)′ 예쁜 명제는 증명할 수 있다.

종합하여, 이제 **예쁜 명제를 증명할 수 있다고 가정**하여 보자. (1)

은 (2)를 함의하므로 우리는 "예쁜 명제는 증명할 수 없다"를 증명할 수 있다. 한편, (가)′은 (나)′을 함의하므로 우리는 또한 "예쁜 명제는 증명할 수 있다"를 증명할 수 있다. 다시 말해 (2)와 (나)′은 서로 부정의 관계인데 우리는 이 두 명제를 동시에 증명해 버린 것이다! 이는 수학에서 모순을 찾아낸 것이다.

한편, 괴델의 가정은 "모순이 없는" 수학 체계를 사용하는 것이었다. 따라서 이 모순의 근원은 "예쁜 명제를 증명할 수 있다"는 우리의 가정 때문이다. 결론은? 예쁜 명제는 증명할 수 없다! 비슷한 아이디어를 쓰면 예쁜 명제는 반증도 불가능하다는 것을 보일 수 있다. 우리는 방금 괴델의 제1 불완전성 정리를 증명하였다.

물론 "나는 거짓말을 하고 있다"든가 "너를 향한 내 마음은 영원히 변하지 않아"처럼 참·거짓을 논할 수조차 없는 명제가 그러한 예쁜 명제가 아닌가 반문할 수도 있겠다. 하지만 괴델의 정리에서 예쁜 명제들은 모두 괴델의 코드로 만들어진, 자연수의 성질에 대한 주장들이다. 우리가 초등학교 때부터 배워 온 자연수의 덧셈과 곱셈에 관한 주장이지만 수학으로는 증명도 반증도 할 수 없는 경우가 있다는 이야기이다.

괴델의 두 번째 불완전성 정리

간단히 요약하자면, 괴델의 제1 불완전성 정리는 우리의 수학 체계로 절대 풀 수 없는 문제가 있다는 것이다. 그런 명제에는 어떤 것이 있을까? 괴델은 더 구체적인 문장을 제시한다.

> **괴델의 제2 불완전성 정리**
> 모순이 없고, 강력하고, 효율적인 수학 체계에서 그 체계에 모순이 없다는 명제는 증명 불가능하다.

우리의 수학 체계에 모순이 있는지 없는지는 아무도 모른다. 하지만 설사 없다 하더라도, 모순이 없다는 그 사실을 증명해 낼 수는 없다는 것이다. 모순이 하나라도 있으면 모든 수학은 무너지므로 제2 불완전성 정리는 단 하나의 모순만 서술해도 된다. 예를 들자면 "2 + 2 = 5를 증명하는 방법은 절대로 없다"라는 명제가 "우리의 수학 체계에 모순이 없다"와 논리적으로 같은 이야기이다. 괴델의 결과는 이러한 관점에서 다음과 같이 바꾸어 쓸 수 있다.

이제 5장 말미에 나온 불로스의 수수께끼를 풀어 보자. 수학자 불로스는 그의 에세이에서 다음을 이야기하였다.

> 사실, '만일 2 더하기 2가 5라는 것을 증명할 수는 없다는 명제를 증명할 수 있다면, 2 더하기 2가 5라는 것도 증명할 수 있다'라는 문장은 증명할 수 있다.

무슨 뜻일까? 먼저 "2 더하기 2가 5라는 것을 증명할 수는 없다는 명제를 증명할 수 있다면"을 들여다보자. "2 더하기 2가 5라는 것을 증명한다"는 것은 "틀린 명제도 증명을 할 수 있다"는 뜻이고, 즉 "우리 수학에서 모순을 찾는다"라는 것이다. 따라서, "2 더하기 2가 5라는 것을 증명할 수는 없다"는 명제는 "우리 수학에서 모순을 찾을 수 없다"는 명제이다. 요약하면, 불로스는 "우리 수학에 모순이 없다는 명제를 증명할 수 있다면"이라 가정하고 있는 것이다.

한편 괴델에 따르면, 우리의 수학이 효율적이고 강력하고 모순을 포함하지 않는 한, 수학에 모순이 없다는 것은 증명이 불가능하다. 따라서, 불로스의 가정이 성립하려면 수학이 비효율적이거나, 약하거나, 모순을 포함해야 한다.

한편 우리의 수학이 효율적이고 강력함은 잘 받아들여지고 있다. 따라서, 불로스의 가정은 수학 체계가 모순을 포함한다는 신호이다! 앞서 이야기했듯이, 단 하나의 모순을 포함하는 수학 체계는 사상누각과 같아서 전부 다 거짓말과 모순 덩어리가 된다. 따라서 불로스의 가정을 받아들이고 나면 $2 + 2 = 5$, $1 = 2$, $1 + 1 = 100$ 모두가 증명 가능해져 버린다. 따라서 "2 더하기 2가 5라는 것도 증명할 수 있게 된다"라는 결론이 생긴다는 것이 불로스의 수수께끼에 대한 해석이다.

괴델의 유산

괴델의 정리는 그 증명을 자세히 알고 나면 자연수의 성질에 관한 수학적인 결과임을 알 수 있다. 과학철학이나 인문학에 대한 명제가 아니다. 그럼에도 불구하고, 철학, 신학, 예술 등 많은 학문이 괴델의 영향을 받았다. 증명은 비교적 간결하고 현대 수학의 관점에서 이해하기 어려운 편은 아니지만, 그 발견이 함의하는 바는 너

존 폰 노이만

무나도 심오하다. 1951년 괴델이 알베르트 아인슈타인 상을 받게 되었을 때 수여자인 존 폰 노이만(1903~1957)은 다음과 같은 추천의 연설을 하였다.

엄밀하게 정의된 수학의 방법으로 결코 증명하거나 반증할 수 없는 명제가 존재한다. 괴델은 이것을 증명한 최초의 인간이다. 그는, 수학뿐 아니라 현대 논리학이 엄밀하게 적용되는 모든 체계에 대하여 이를 증명하였다. 그러한 체계는 자신의 내재적인 모순을 증명할 수 없다.

괴델의 업적은 독특하고 기념비적이다. 단순한 기념비가 아니라, 멀고 먼 시공간에서도 분명하게 드러나게 될 이정표이다.

실제로 당시 철학계에는 "인간이 기계보다 나은 점은 무엇인가"라는 논쟁이 활발하였다. 이때 일부 사람들은 괴델의 정리가 인간 사고의 한계를 나타낸다고 주장하였다. 하지만 괴델의 생각은 정반대였다. 자신의 정리가 기계적 사고의 한계를 보여 준다고 생각하였다. 효율적인 체계라는 가정, 즉 기계적인 사고로만 다가가는 수학에는 언제나 한계가 있지만, 인간의 인식은 그것을 뛰어넘을 수 있다고 믿은 것이다.

수학과 모순

그래서 결국, 우리는 수학을 믿어도 될까? 괴델의 불완전성 정리의 가정은 우리의 수학 체계에 모순이 없다는 것이다. 만일 모순이 있다면 수학 전체는 아무런 의미 없는 명제의 나열에 불과해진다. 약간 틀린 정도가 아니라, 생각하는 지식의 총합이 완벽하게 무의미해지는 것이다.

그런데 우리는 수학으로 온갖 치밀한 일을 하고 있다. 비행기도 날리고 우주 탐사선도 보내며, 한 치의 오차도 없이 은행 이자를 계산하고 있다.

물리, 화학, 전산, 수리생물, 경제, 회계, 보험계리, 전자공학, 제어 이론, 투자은행, 게임 개발, 암호학, 항공, 레이더, 지진 탐사, 석유 발굴, 사모펀드, 외환 딜러…. 이 수많은 직업들이 수학에 절대적으로 의존하고 있다. 우리는 그래서 수학이라는 이 멋진 테크놀로지가 완전한 무의미 덩어리일 수는 없을 것이라 생각한다. 절대다수의 수학자는 우리의 수학에 모순이 없을 것이라 믿고 있다.

하지만 또, 괴델의 제2 불완전성 정리에 따르면 그러한 믿음을 증명해 내는 것은 불가능하다. 오히려, 누군가가 수학의 규칙을 어기지 않고도 2 + 2 = 5를 증명하게 될 가능성은 열려 있다. 그리고 그런 날이 온다면, 수학에는 단 한 톨의 진실도 남아나지 않을 것이다. 수학은 모순 위에 쌓아 올린 사상누각이 되어 버리기 때문이다.

정말 누군가가 2 + 2 = 5를 증명하는 날이 올까? (수학 시험에 지친 학생이라면, 2 + 2 = 5의 증명이 시험 전날 뉴스에서 발표되는 상상을 할지도.) 물론 그런 날이 올 리 없다는 것이 수학자들의 예상이다.

사실 사람들은 수학에 대한 이해가 깊어질수록 그 토대라는 것이 참 어려운 대상이라는 것을 더욱 절실하게 알아가고 있다. 태초부터 인간에게 튼튼한 수학의 토대가 마련되어 있어서 우리가 그 위에서만 뛰어노는 것이 아니다.

플라톤 사상(9장 참조)을 신봉하던 괴델은 추상의 세계가 실존하고 그곳에는 단 하나의 수학적인 진리만이 존재한다고 믿었다. 만일 어떤 문제의 답을 정할 수 없다면 그것은 우리의 수학 토대가 부족해서이지 수학의 오류는 아니라는 것이다. 한편 많은 수학자는 이를 부정하고 여러 개의 수학이 존재한다는 다중우주(multiverse)를 믿기도 한다.

예를 들어, "자연수보다 크고 실수보다 작은 무한집합은 없다"라는 **연속체 가설**은 현재의 수학으로 증명도 반증도 불가능하다. 이럴 경우 괴델의 주장은, 그래도 연속체 가설은 수학에서 참이거나 거짓 둘 중의 하나인데 우리의 토대가 그 답을 구하기에 아직 덜 세련되었을 뿐이라는 것이다(실제로 괴델은 연속체 가설이 거짓이라 믿었다). 다중우주를 주장하는 수학자는 반대로 연속체 가설이 참인 수학도 있고, 그렇지 않은 수학도 있다고 믿는다. 심지어 이 책을 쓰고 있는 2021년에도 최고의 수학저널 중 하나인《수학연보》는 연속체 가설을 부정하는 수학의 토대에 대한 논문을 게재한 바 있다.

이러한 수학의 토대를 불안해하는 사람도 있을 수 있다. 이럴 때 어쩌면 수학은 논리적 엄밀함보다는 본질을 꿰뚫는 직관을 통하여 조금씩 발전해 왔다는 것이 위안이 될 수도 있겠다. 뉴턴의 미적분학이나 오일러의 무한급수, 심지어 에드워드 위튼(1951~)의 끈 이론에 이르기까지 참신하지만 엄밀하지 못한 아이디어가 수학에 존재하는 경우는 얼마든지 많다. 이러한 아이디어가 심각한 모순을 만들어 내면 수학자 사회는 많은 노력을 들여 이 아이디어를 세련된 형태로 수학 체계 속에 자리 잡게 해 왔다. 스테판 바나흐(1892~1945)가 남긴 다음 말처럼, 수학에서 중요한 것은 기계적 정확함보다는 생각의 아름다움과 그 강력함이므로.

수학은 인간 영혼의 가장 아름답고 강력한 창조물이다.

컴퓨터와 인공지능의 창시자, 앨런 튜링

앨런 튜링

앨런 튜링(1912~1954)은 1900년대 초에 활동한 영국의 천재 수학자이다. 흔히 튜링과 함께 존 폰 노이만을 컴퓨터의 창시자로 간주하는데, 폰 노이만은 컴퓨터가 **어떻게** 동작해야 하는지를 설계하였고 튜링은 이보다 앞서 컴퓨터가 **무엇을** 계산할 수 있는지 알아내었다. 현재까지도 모든 컴퓨터는 폰 노이만의 구조에 따라 설계되고, 튜링이 규정한 작업만을 수행할 수 있다. 특히 튜링이 상상한 컴퓨터는 **튜링 기계**로 불리며 현대 컴퓨터 과학의 가장 근본적인 개념으로 사용되고 있다.

튜링의 놀라운 업적은 컴퓨터의 한계를 수학적으로 명확하게 찾아낸 것이다. 메모리와 연산장치의 발전으로 우리는 컴퓨터의 미래를 지나치게 낙관하고는 한다. 결국 인간이 하는 모든 일을 컴퓨터가 대신하지는 않을까? 모든 수학 문제를 풀어주는 컴퓨터가 탄생하지는 않을까?

첫 번째의 질문은 모르겠으나, 적어도 두 번째 질문의 대답은 확실하게 '아니오'라는 것이 튜링의 발견이다. 우리가 2장에서 본 **정지문제**를 해결함으로써, 1936년 튜링은 모든 수학 문제를 풀어 주는 컴퓨터가 절대 존재할 수 없음을 증명하여 발표한다. 괴델의 아이디어를 기막히게 사용한 24살 튜링의 이 논문은 현재까지도 "역사상 가장 영향력 있는 논문"으로 지칭되고는 한다.

제2차 세계대전이 발발하자 튜링은 연합군에 합류하여 독일군의 암호 시스템인 에니그마(Enigma)를 해독하는 데에 결정적으로 기여한다. 어느 전쟁학자에 따르면 튜링의 기여로 인하여 종전이 2년 앞당겨졌고 이로 인해 1,400만 명의 희생을 막을 수 있었다고 한다.

달리기에도 소질이 있던 튜링은 연구소에서 런던까지 64킬로미터를 달려가 암호 해독을 위한 회의에 참여하고는 했다고 한다. 심지어 1948년 올림픽 마라톤에 참여하기 위하여 훈련을 하였으나 안타깝게도 부상으로 무산되었다.

전쟁이 끝난 후에는 치타 등 동물의 얼룩 무늬를 미분방정식으로 설명하는 **튜링 패턴**을 발표하여 생물학에 큰 영향을 미치기도 하고, **튜링 테스트**라 불리는 인공지능에 대한 선구적 업적을 남기기도 하였다.

이렇게 다방면에 걸쳐 천재성을 발휘하던 튜링은 안타깝게도 여러 이유로 영국 정부의 미움을 받게 된다. 정부는 튜링이 동성애자라는 이유로 여성호르몬을 강제로 투여받게 하고 공산주의자라는 누명을 씌우기도 하였다. 대중의 외면을 받던 그는 결국 41살에 자살하였고, 당시 영국 신문은 "천재 과학자의 비참한 죽음"이라는 작고 싸늘한 기사를 내보낸다.

1970년대를 지나며 군사기밀에 가려졌던 그의 위대한 공적이 차츰 공개되고 시대를 앞섰던 그의 연구가 차츰 학계에 받아들여지면서 사람들은 튜링의 위대함을 인정하기 시작하였다. 결국 2012년에는 가장 위대한 10인의 영국인으로 선정되어 우표가 제작되고, 2013년에 엘리자베스 2세 영국 여왕은 튜링을 사면 복권하게 된다. 그를 기념하여 제정된 **튜링상**은 전산학계의 노벨상이라 불릴 정도의 권위를 가지게 되었다. 그리고 **컴퓨터란 무엇인가**라는 질문에 대한 그의 대답, 즉 **튜링 기계**의 개념은 우리 인류에게 영원불멸의 선물로 남았다.

불확실성에 대처하는 수학자의 자세

: 확률과 믿음

확률이란 무엇일까

이 글을 쓰고 있는 현재 시각(2021년 7월 19일)의 주말 제주도의 일기예보이다.

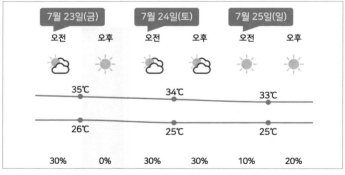

기상청 날씨누리(http://kma.go.kr)

우리는 종종 하루의 시작을 '**확률**'이라는 수와 함께한다. 아마이런 생각을 할지도 모르겠다. 다음 주 수요일에는 비가 올 확률이 80퍼센트라고 하니 우산을 가져가자. 이번 월요일 오전에는 10퍼센트밖에 되지 않으니 굳이 우산을 챙기지 않아도 괜찮을 것 같아. 하지만 금요일 오전의 30퍼센트나 일요일 오후의 20퍼센트의 확률에는 어떻게 대비해야 할까?

확률이란 보통 동전이나 주사위를 여러 번 던질 때 원하는 사건이 일어나는 비율을 말한다. 그런데 이번 주 금요일 오전은 인류 역사상 단 한 번밖에 없는 시간 아닌가. 그날은 비가 오거나, 비가오지 않거나 둘 중 하나인데, 비가 올 확률이 30퍼센트라는 것은무슨 의미일까?

확률의 역사

통계학자 플로렌스 나이팅게일 데이비드(1909~1993)는 자신의책 『게임과 신과 도박: 확률과 기원의 역사』에서 확률은 아마도 선사시대 때부터 인류와 함께했을 것이라 이야기하고 있다. 데이비드는 선사시대 유물에서 양이나 염소의 복숭아뼈가 많이 발견되는 점에 주목하였다. 이 복숭아뼈는 정확하게 6면을 가지고 있고,

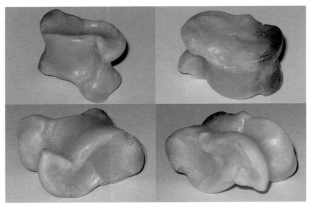

몽골의 전통놀이 '샤가이'에는 양의 복숭아뼈를 쓴다.

공중에 던져지면 4개 면 중의 하나로만 착지하게 된다. 그래서 이러한 뼈 뭉치가 도박이나 점과 같은 확률 게임을 하는 데에 사용되었을 것이라 추정하였다.

현대사회에서 우리는 확률과 더더욱 가깝게 지내는 중이다. 친구와 동전을 던져 순서를 정하기도 하고, 주사위나 카드를 섞어 나누며 보드게임을 하기도 한다. 좋은 꿈을 꾸었다며 복권을 사러 가기도 한다.

때로는 확률에 우리의 생명을 맡긴다. 어떤 통계에 따르면 비행기를 탈 때 사고로 사망할 확률은 대략 800만 분의 1 정도라고 한다. 이 확률이 0은 아니지만 그다지 크지 않으니 우리는 비행기를 종종 타도 괜찮을 거라 생각한다. 큰병이 있는지 검사하거나 수술

대에 누울 때 우리는 낮은 확률의 나쁜 사건이 일어나지 않기를 바란다.

주식에 투자하는 것처럼 확률에 재산을 맡기는 일은 아주 흔하다. 투자를 하게 되면 많은 돈을 잃기도 하지만 **고위험 고수익**(high-risk high-return)이란 격언을 믿는 사람들에게 위험이 높은 상품은 오히려 기회이다. 성공한 사람들은 "확률은 나의 편이야"라는 말을 입버릇처럼 하기도 한다.

하지만, 확률은 사람의 편이 아니다. 확률의 편에 서는 사람이 있을 뿐이다. 오랜 시간 동안 사람들은 확률을 이해하기 위하여 노력하였다. 미분방정식에서 라플라스 변환으로도 유명한 삐에르-시몬 라플라스(1749~1827)는 확률의 계산에서 선구적인 업적을 남겼다. 라플라스는 삶의 가장 중요한 질문이 대부분 확률에 관한 것이라 말하기도 했는데, 이것은 생로병사의 고통을 아는 인간이라면 누구나 공감할 만하다. 우리의 삶에서 고통은 언제나 확률로 다가오니까.

현대적인 확률의 개념

현대 수학의 관점에서 완전하게 엄밀한 확률 이론을 마련한 것

안드레이 콜모고로프

사건

확률은 넓이다

은 러시아의 수학자 안드레이 콜모고로프(1903~1987)이다. 그는 확률을 어떤 공간(**확률공간**)에 정의된 '넓이'로 보았다. 우리가 어떤 사건의 확률을 이야기하는 것은, 그 사건에 해당하는 공간의 넓이로 본다는 것이다. 예를 들어, 위의 그림과 같은 과녁의 전체 넓이를 1로 정의하고, 각 지점에 균등한 확률로 화살이 도착한다면 오른쪽 잘려 나간 부분에 화살이 맞을 확률은 바로 그 부분의 넓이일 것이다.

넓이의 개념을 쓰면 확률에 대한 계산도 엄밀한 수학의 한 분야가 된다. 현대 수학에서 확률에 대한 연구는 거의 예외 없이 **콜모고로프 공리계**라 불리는 이러한 접근을 따르고 있다.

콜모고로프의 확률 개념은 엄밀하고 추상적이지만 실생활에 그대로 적용시키기는 어렵다. 먼 길을 떠나는 자동차 여행 중간에 친구와 싸우게 될 확률이나, 식당에서 주문한 치킨이 30분 안에 도착할 확률을 누가 묻는다면, 여기에 적용할 확률 공간이 있을까?

확률로 세상을 바라본다는 것은 두 개의 단계로 나뉜다. 첫 단계는 이 변화무쌍한 세상을 수학의 세계로 가져오는 모델링이다. 그리고 두 번째는 잘 모델링된 수학 문제를 온갖 수학적 테크닉으로 풀어내는 것이다. 두 번째 단계는 수학의 영역이니 당연히 바늘 하나 들어가지 못할 정도의 엄밀함이 있다. 하지만 모델링 자체가 엄밀하려면 어떻게 해야 할까?

물리학자 리처드 콕스(1898~1991)는 확률의 모델링 단계에도 엄밀한 논리학이 적용되어야 함을 주장하였다. 통계학자 에드윈 제인스(1922~1998)는 자신의 저서 『확률론: 과학의 논리학』에서 콕스의 이론을 더욱 정교하게 해석하였다. 이 책에 따르면, 확률이란 이 세상에 일어나는 사건에 0과 1 사이에 있는 수를 적절히 대응시키는 방법이다. 이 방법은 마치 괴델이 상상했던(6장 참조) 이상적인 수학의 체계와 같아서 다음과 같은 논리성을 지니고 있어야 한다.

- **무모순성** : 어떤 확률을 두 가지 방법으로 계산하였다면, 그 값은 같아야 한다.
- **정직성** : 우리가 현재 알고 있는 모든 정보가 확률의 계산에

반영되어야 한다.

- **재현 가능성** : 두 사건에 대하여 우리가 알고 있는 모든 정보
가 같다면 그들은 같은 확률을 가져야 한다.

이렇게 모델링을 하고 나면 우리는 확률이라는 렌즈로 세상을 엄밀하게 바라볼 수 있게 된다. 이 렌즈는 온갖 불확실성과 애매함 속에서도 주어진 정보를 사심 없이 분석할 수 있도록 도와주는 생각의 방법이 된다.

빈도주의자와 베이지언

확률이라는 렌즈로 세상을 바라보는 방법에 관하여서는 크게 두 가지의 입장이 있다. 첫째 입장은 **빈도주의자**(frequentist)의 것인데, 확률이란 어떤 사건이 발생하는 빈도라 믿는 사람들이다. 예를 들어 동전을 던졌을 때 앞면이 나오는 확률을 생각해 보자. 대개는 1/2(즉, 50퍼센트)이겠지만 동전의 모양에 따라 55퍼센트처럼 조금 바뀌는 경우를 상상해 보아도 좋겠다. 여기서 55퍼센트의 의미는 무엇일까? 빈도주의자에 따르면, 그 의미는 이 동전을 아주 많이 던졌을 때 대략 55퍼센트의 빈도로 앞면이 나온다는 것이다.

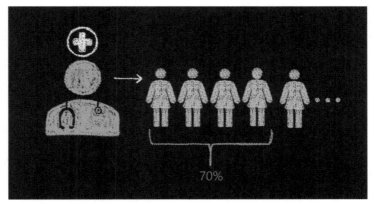

의사가 바라본 임신 확률 70퍼센트의 의미

예를 들어 1,000번을 던졌다면 대략 550번 정도가 앞면이라는 것.

혹은, 테스트 결과 임신 확률이 70퍼센트라는 산부인과 의사의 말을 생각해 보자. 빈도주의자에 따르면 이 말은 의사의 입장에서 볼 때, 대략 이 정도의 데이터를 가지는 환자(어디가 아픈 것은 아니니 내원자라 불러야 할까) 중에 70퍼센트가 임신이라는 것이다. 100명 정도가 비슷한 수치를 보였다면 그중 70명이 임신이라는 것.

빈도주의자에게 있어 확률은 고정된 값이다. 동전의 앞면이 나올 확률은 비록 우리가 정확하게 아직 모르더라도 정해진 값이라는 것이다. 우리가 그 확률일 것이라 추정하는 값을 자료 조사와 실험 등을 통하여 50퍼센트 → 55퍼센트 → 70퍼센트 → 65퍼센트처럼 계속 수정해 나갈 수는 있지만.

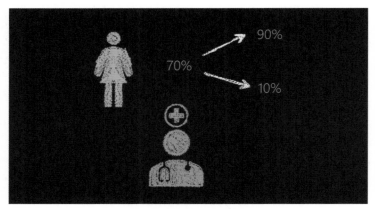
환자가 바라본 임신 확률 70퍼센트의 의미

확률에 대한 두 번째 입장은 베이즈주의자, 혹은 **베이지언**(Baysian)의 것이다. 이들에게 확률이란 어떤 사건에 대하여 개인이 가지고 있는 믿음의 정도라 이야기한다. 그리고 이 확률은 가지고 있는 정보에 따라, 시간에 따라 변하는 값이다.

임신의 확률로 돌아온다면, 베이지언은 환자의 입장에 가깝다. 비록 나는 임신을 했거나 하지 않았거나 둘 중의 하나이지만, 내가 임신을 했다는 믿음에 70퍼센트 정도 확신을 가지는 상태라는 것이다. 그리고 이 믿음의 정도는 좀더 엄밀한 검사를 해 보면 90퍼센트로 올라가기도 하고 10퍼센트로 낮아지기도 할 것이다.

우리는 눈에 보이는 데이터를 가지고 눈에 보이지 않는 대상을 파악하고 싶어하는 경우가 많다. 임신의 예가 그러할 것이다. 이런 때 가설을 세우고 이에 대한 믿음의 정도를 상황에 따라 업데이트해 나가는 것이 베이지언이 세상을 바라보는 관점이다.

몬티 홀 게임

빈도주의자와 베이지언은 종종 하나의 입장을 고수하며 세상을 바라보고는 한다. 어떤 때는 전문 분야의 차이 정도로 생각하지만, 그 둘이 논쟁을 할 때의 충돌은 마치 종교의 갈등 같기도 하다.

하지만 전혀 달라 보이는 이 두 가지 입장을 통하여 계산한 확률값은 결국 같은 값으로 귀결되고는 한다. '몬티 홀'이라는 게임의 예를 들어 보자. 이 게임은 1960년대에 미국 TV 게임 쇼 〈Let's Make a Deal〉에서 유래한 것으로 이 쇼의 진행자인 몬티 홀의 이름을 따온 것이다. 이 게임에는 사회자, 참가자(=나), 세 개의 방(A, B, C), 염소 두 마리와 멋진 자동차가 등장하며 이렇게 진행된다.

1. 닫힌 세 개의 방 중에 두 개에는 각각 염소가 있고 나머지 하나에는 자동차가 있다. 사회자는 자동차가 있는 방을 알고 있으나 참가자는 모른다.
2. 내가 세 개의 방 중 하나를 선택한다. 예를 들어, A를 선택

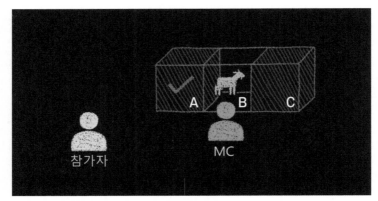

몬티 홀 문제

했다고 하자.

3. 내가 선택한 A에 차가 있는지 염소가 있는지는 모르지만, 염소는 두 마리이므로 B와 C 중 하나에는 반드시 염소가 있을 것이다. 예를 들어, B에 염소가 있다고 하자. 사회자는 염소가 있는 B의 방문을 열어서 보여 준다.

4. 이제 닫힌 방은 A와 C의 두 개인데, 둘 중 하나에는 염소가 나머지 하나에는 자동차가 있다는 것을 참가자도 알고 있다. 사회자는 이때, 나에게 "혹시 선택을 A에서 C로 바꿀래요?" 하고 묻는다.

5. 나는 그대로 A를 고수하든가 아니면 C로 바꾸어야 한다.

어느 선택이 현명할까? 나는 자동차를 몰고 집으로 갈 수 있을까?

이 문제를 처음 들으면 대개 "바꾼다고 뭐가 달라지지?" 하는 반응을 보인다. 참가자인 나는 A를 선택했지만, B와 C 중 하나 혹은 두 방 모두에 염소가 있다는 것은 쉽게 알 수 있다. 사회자는 단지 그 염소의 위치라는 별 쓸데없는 정보를 내게 알려줄 뿐인데. 정보가 확률을 바꿀 수 있나? 심지어 20세기 최고의 확률학자 중 한 명인 에르되시 팔(1913~1996)도 처음에는 오답을 말했다고 전한다.

이 문제가 유명해진 것은 미국의 잡지 《퍼레이드(Parade)》의 칼럼니스트 매릴린 보스 사반트(1946~)가 1990년 한 독자의 질문에 대답해 주면서이다. 이 칼럼은 올바른 답을 실었지만, 그에 동의하지 않는 수많은 독자의 항의 때문에 더욱 유명해지게 된다. 그녀에 따르면 대략 90퍼센트의 독자는 그녀가 틀렸다고 생각하였다.

빈도주의자의 몬티 홀

빈도주의자의 입장에서 몬티 홀 문제의 답은 무척 간단하고 상식적이다. 만일 우리가 빈도주의자라면, 우리는 다음 두 가지에 관심을 가지게 된다.

- 어떤 전략을 세울 것인가.
- 이 전략을 따랐을 때 얼마나 자주 이길 것인가(승리의 빈도).

여기서 전략은 둘 중 하나이다.

    (a) **유지 전략** : 매번 원래의 선택을 유지한다.

    (b) **바꿈 전략** : 매번 선택을 바꾼다.

    유지 전략으로 게임을 해 보자. 게임을 시작하면 나는 세 개의 방에서 하나를 고른다. 이 방에 자동차가 있을 확률은 1/3이다. 그후, 사회자가 어떤 방을 열어도, 어떠한 감언이설로 꼬셔도, 나는 눈감고 귀 막고 세상 일 나 몰라라 하면서 그 선택을 유지한다. 그러면 자동차를 집에 몰고 갈 확률은 변하지 않으니 여전히 1/3일 것이다. 다시 말해, 3,000번 정도 참가 자격이 나에게 주어지고, 매번 선택을 바꾸지 않는다면, 나는 1,000번 정도 자동차를 가지게 될 것이다.

    이렇게 선택을 바꾸지 않는 경우, 내가 자동차를 가지지 못할 확률은 따라서 $1-\dfrac{1}{3}=\dfrac{2}{3}$이다. 이는 자동차를 얻을 확률의 **여사건 확률**이라 부른다. 다시 말하면 전략을 바꾸어, 남아 있는 제3의 방을 매번 선택한다면 자동차를 가지게 될 확률이 2/3이다. **바꿈 전략**을 취한다면 3,000번 참가해서 2,000번 정도 이길 수 있다!

    물론 여사건 확률 대신 직접 계산을 해 보아도 좋다. 요즈음에는 궁금한 확률이 있을 때 직접 계산하지 않고 여러 번 시뮬레이

션을 돌려 그 값을 예측하는 일이 흔하다. 우리도 **바꿈 전략**으로 게임을 시뮬레이션 해 보자. 각 게임의 결과는 시뮬레이션에서 아래와 같이 나타난다.

시행	방에 있는 것 A - B - C	나의 첫 번째 선택	사회자의 선택	나의 두 번째 선택	결과
1	염소-차-염소	B	C	A	염소
2	염소-염소-차	A	B	C	차
...					

시행 1에서는 B방에 자동차가 있다. 나는 B를 택하고 사회자는 C를 열어 주었기에 나는 A로 바꾸었다. 그 결과, 나는 A방에 있던 염소를 얻게 되었다.

시행 2에서는 C에 차가 있고 나는 A를 선택하였다. B와 C 중에서 염소가 있는 B방을 사회자가 열어 주었고, 나는 C로 바꾸었다. 결과적으로 나는 자동차를 얻게 되었다.

이제 무작위로 자동차 위치를 바꿔 가면서 게임을 3,000번 반복해 보자. 각 단계별로 **승률** $= \dfrac{\text{게임을 } n \text{번 시행했을 때 차를 얻은 횟수}}{n}$ 를 $n = 1, 2, 3, \cdots, 3000$에 대해 그려 볼 수 있다. 다음 그림에서 위쪽 그래프는 **바꿈 전략**을 취했을 때의 승률이고, 아래쪽 그래프는

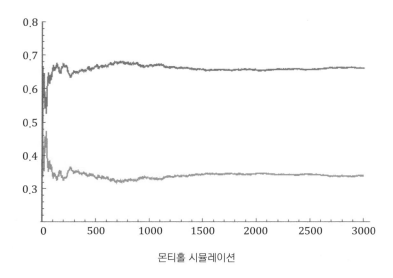

몬티홀 시뮬레이션

유지 전략에서의 승률이다. 바꿈 전략을 취하면, 시행 횟수가 늘어날수록 승률이 $2/3 = 66.6\cdots$퍼센트에 매우 가까워진다.

마찬가지로 '유지 전략'을 취한다면 승률은 대략 $33.3\cdots$퍼센트 근처이다. 3,000번 시행했을 때 2,000번 정도 승리하는 바꿈 전략과 1,000번 정도 승리하는 유지 전략 중 어느 것을 택할 것인지 이제 명확하지 않은가? (그러고 보니 "자동차를 가져온다"가 왜 "이기는 것"인지 모두가 동의하지 않을 수는 있겠다. 염소가 더 귀여운 것도 사실이니.)

베이지언의 몬티 홀

베이지언은 빈도주의자와 달리 확률을 시간과 정보에 따라 변화하는 양으로 생각한다. 그런데 정보라는 단어의 주관적인 성격 때문에 종종 공격을 받기도 한다. 사회자의 말투나 눈 찌푸림도 정보일까? 갑작스런 생각의 변화는?

몬티 홀 문제에서는 이 정보라는 개념에 대한 명확한 이해가 더욱 중요하다. 내가 A를 선택한 상태에서 사회자가 B를 열어 주었다는 것, 즉 B에 확실하게 염소가 있다는 것은 새로운 정보인가? 어차피 B와 C 둘 중의 하나에 염소가 있다는 것은 알고 있었으니, 그냥 알고 있는 사실의 확인 아닌가? 나는 어떤 정보를 활용해야 하는가?

베이지언 사고의 기본은 아래에 나오는 **베이즈 정리**를 통해 새로운 정보가 생길 때마다 확률을 업데이트해 나가는 것이다.

$$\text{사후확률} = \text{사전확률} \times \frac{\text{가설이 맞을 때 데이터를 얻을 확률}}{\text{데이터를 얻을 확률}}$$

예를 들어 보자. 내가 미국에서 미적분학 관련해 대형 강의를 맡았을 때의 이야기이다. 100명이 넘는 학생이 한 강의실에서 동시에 중간고사를 보느라 감독이 소홀했는데, 아니나 다를까 채점을 하다 보니 매우 비슷한 오답을 낸 두 학생을 발견하였다. 이 학생의 부정행위에 대한 나의 믿음은 채점을 하기 전과 후로 크게 변했을 것이다. 이를 베이즈 정리로 아래처럼 해석해 보자.

가설	두 학생이 부정행위를 하였다.
데이터	두 학생이 같은 오답을 제출하였다.
사전확률	채점 전, 두 학생이 부정행위를 했다고 믿는 정도
사후확률	채점 후, 두 학생이 부정행위를 했다고 믿는 정도

두 학생이 부정행위를 했다면 같은 오답을 낼 확률은 매우 높을 것이다. 예를 들어 90퍼센트(= **가설이 맞을 때 데이터를 얻을 확률**)라 하자. 그리고 이런저런 정황으로 미루어, 채점 전에 두 학생이 부정행위를 했다고 믿는 정도가 15퍼센트(= **사전확률**)였다고 하자. 이제, 부정행위를 하지 않았음에도 같은 오답을 낼 확률이 대략 5퍼센트라고 하면, 일반적으로 오답이 같을 확률(= **데이터를 얻을 확률**)은 다음과 같이 17.75퍼센트가 된다.

오답이 같을 확률

= 부정행위를 했고 오답이 같을 확률 + 부정행위를 하지 않았고

오답이 같을 확률

$= 0.15 \times 0.90 + 0.85 \times 0.05 = 0.1775$

결론적으로, 채점자인 내가 두 사람의 부정행위에 대한 의심의 정도는 사후확률 $= 15\% \times \dfrac{90\%}{17.75\%} = 76\%$임을 알 수 있다. 상당히 의심스러운 상황이다. (혹시 뒷이야기가 궁금하다면. 나는 다음 수업 시간에 들어가 "부정행위의 증거를 잡았으나 너희의 미래를 위하여 스스로 고백할 기회를 주겠다. 내 연구실에 찾아와 고백하면 벌을 경감하겠다"라고 선언했고, 수업 후 내 연구실에는 상상도 못했던 9명의 학생이 찾아왔다!).

이렇게 베이지언의 확률은 우리가 가진 정보에 따라 업데이트된다. 앞의 예에서는 데이터를 얻을 확률이 계산하기에 복잡했지만, 몬티 홀 문제의 경우에는 훨씬 간단하다. 이 문제에서 나는 A를 선택하고 사회자는 B를 열었다. 우리는 C로 선택을 바꾸어야 하는가? 베이즈 정리의 요소는 아래와 같다.

가설	C에 자동차가 있다.
데이터	사회자는 B를 열었다.
사전확률	게임 전, C에 자동차가 있다고 믿는 정도
사후확률	현 상황에서, C에 자동차가 있다고 믿는 정도

게임을 시작하면서 A, B, C 중 무작위로 고른 하나의 방에 차가 있을 테니 C에 자동차가 있다고 믿고 있는 사전확률은 33.3…퍼센트다. 사회자는 내가 선택했던 A를 제외하고 나머지 두 방 중의 하나를 열어 줄 것이고, 그 둘 사이에 특별한 구별이 있다는 이야

기는 없으므로 **데이터**, 즉 B를 열 확률은 50퍼센트로 보는 것이 합당하다. 이제, 만일 가설이 참이라면 사회자는 자동차가 있는 C를 열 수는 절대 없고, 반드시 B를 열어야 한다. 즉 가설이 성립할 때 데이터를 얻을 확률은 100퍼센트다. 따라서, 내가 얻게 되는 확률은 사후확률 $= 33.3\cdots\% \times \dfrac{100\%}{50\%} = 66.6\cdots\%$이다. 즉, 최신의 정보를 모두 종합하였을 때 C방에 자동차가 있을 확률은 $66.6\cdots\%$이고 따라서 나는 선택을 A에서 C로 바꾸어야 유리하다.

빈도주의자와 베이지언은 다른 관점에서 확률을 바라보지만, 이 경우 승률을 $66.6\cdots$퍼센트로 똑같이 계산하고 있다. 우리의 계산 속에서 콕스와 제인스의 무모순성은 안전하게 지켜졌다.

세상을 바라보는 눈

우리는 확률의 두 가지 면모를 알아보았다. 빈도로서, 그리고 믿음의 정도로서.

이제 이 장에서 처음 제시한 일기예보 표로 돌아가 보자. 내일 비가 올 확률이 90퍼센트라는 것은 무슨 뜻일까? 내일은 인류 역사상 한 번밖에 없는 날이다. 여러 번의 '내일' 중에 비가 온 날의 빈도 같은 것은 말이 되질 않는다. 자연스러운 해석은 현재까지의 모든 정보를 종합하여 볼 때 일기예보관(혹은 일기예보 팀)은 90퍼센트의 확신을 가지고 비가 올 것이라 믿는다는 것이다. 여기서 확률은 믿음의 정도이다.

지난 20세기까지는 빈도주의자의 관점이 비교적 그 응용이 간단하여 통계학의 주류가 되어 왔다. 하지만 컴퓨터의 성능이 비약적으로 발전한 21세기에서는 믿음의 정도로서의 확률, 즉 베이지언 사고가 AI, 영상 합성, 음성 분석 등에서 다양하게 다시 각광받고 있다. 베이즈 정리에서 "데이터를 얻을 확률" 부분의 복잡하던 계산이 컴퓨터의 발달로 좀더 손쉬워진 결과이다.

확률이라는 것은 불확실함을 극복하려는 노력의 산물이다. 보이는 것(데이터, 임신 테스트 결과, 사회자가 열어 준 방, 과거의 역사)으로부터 보이지 않는 것(가설, 임신 여부, 숨겨진 자동차의 위치, 그리고 미래)을 추론한다는 것은 인간만의 멋진 능력일 것이다.

세상을 살아가는 우리에게 확률이 무엇인가라는 철학적 질문이 중요한 것은 아니다. 어떻게 살아야 할 것인가, 어떤 선택을 할 것인가 하는 하루하루의 의사 결정이 훨씬 더 중요하다. 확률과 추론이라는 이 멋진 도구를 쓰는 데에 있어서 굳이 우리의 입장을 빈도주의와 베이지주의 둘 중 하나의 관점에만 묶어 놓을 필요는 없지 않을까 생각한다.

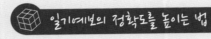

우리는 강수확률 90퍼센트라는 일기예보의 의미를 알아보았다. 그런데 과연, 일기예보관은 우리에게 진실을 말하는 것일까? 사실 일어나지 않은 사건에 대한 확률이니까 진실이란 아직 존재하지 않는다. 그렇다면 그냥 예보관이 확률을 51퍼센트로만 발표했을 때 (비가 오건 오지 않건) 사람들에게 원망을 가장 작게 사지 않을까? 자기 믿음의 정도를 용감하게 공표하는 정직한 예보관은 어떻게 찾을 수 있을까?

제인스는 『확률론: 과학의 논리학』에서 이 내용을 로그함수를 통하여 설명하고 있다. 먼저 (상용)로그라 불리는 $\log x$는 간단히 말해 x의 10의 자릿수를 센 값이다.

$$\log 10 = 1$$
$$\log 100 = 2$$
$$\log 1000 = 3$$

그리고 10의 거듭제곱이 아닌 수는 적절하게(수학자들이 정확하게 계산해 놓았다) 그 사이의 값을 준다. 예를 들어, $\log 90$은 $\log 10$과 $\log 100$ 사이의 적절한 값인 $1.9542\cdots$가 된다.

이제, 예보관의 **발표 강수확률**(정직한 강수확률이라는 보장은 아직 없다)이 q퍼센트일 때 날씨에 따라 그날의 수당을 아래와 같이 지급하여 보자.

날씨	비옴	맑음
수당($)	$100 \times \log q$	$100 \times \log (100 - q)$

예를 들어, 강수확률을 90퍼센트라 예측하였는데 정말 비가 오면 $100 \times \log 90 = 195.42(\$)$의 수당을 받게 된다. 한편 예측이 틀려 맑았다면 그날의 수당은 $100 \times \log 10 = 100(\$)$에 불과하다. 만일 강수확률을 자신 없게 51퍼센트로 예측한다면 정말 비가 와서 예보를 맞춰도 그 수당은 아래와 같이 90퍼센트로 예측했을 때보다 적어진다.

$$100 \times \log 51 = 170.76(\$)$$

앞의 표에 따라 수당을 주면 예보관은 아래의 (A)와 (B)를 충실히 지키게 된다.

(A) 최선을 다해 좋은 정보를 모으고 분석한다.
(B) 분석한 정보를 통하여 얻어진 확률을 거짓 없이 발표한다.

왜 그럴까? 만일 모든 정보를 분석해서 얻어 낸 **분석 강수확률**이 p퍼센트였고 **발표 강수확률**이 q퍼센트였다면, 예보관이 받을 수당의 평균은(자세한 계산은 생략한다.) $f(p, q) = p \log q + (100 - p) \log (100 - q)$이다. 여기서 p는 예보관의 노력으로 정해진 값이고, q는 예보관이 발표하기로 결정한 값이다. 예를 들어, 분석 강수확률이 $p = 70\%$인데 발표 강수확률을 $q = 60\%$로 하기로 결정했다면, 그가 받을 수당의 평균은 다음과 같다.

$$70 \log 60 + 30 \log 40 = 172.53(\$)$$

한편 p가 고정된 값이면 $f(p, q)$는 q에 p를 대입할 때 최대가 됨을 미적분학을 통하여 알 수 있다. 즉, **정직**하게 발표 강수확률 q를 예보관이 얻은 분석 강수확률 p와 같이 하여 (B)의 덕목을 지키면 예보관이 기대할 수 있는 수당이 가장 커진다.

이제 $q = p$로 발표하였을 때 얻는 수당의 평균은 다음과 같다.

$$f(p, q) = p \log p + (100 - p) \log (100 - p)$$

이 값은 클로드 섀넌(1916~2001)이 정의한 **정보엔트로피**의 부호를 바꾼 값이다.

$$정보엔트로피 = -p \log p - (100 - p) \log (100 - p)$$

정보엔트로피는 정보의 불확실성이 가장 작을 때에 작아진다. 다시 말해 성실하게 자료를 조사하여 일기예보의 불확실성을 가장 작게 만들고 덕목 (A)를 지켰다면, 정보엔트로피 역시 가장 작아지고, 수당의 평균 $f(p, p)$는 가장 크게 된다. 결국, 우리의 보수 체계를 통하여 성실하고(A) 정직한(B) 예보관을 찾을 수 있을 것이다.

클로드 섀넌

미국의 수학자이자 전기공학자. 그가 쓴 논문 「통신의 수학적 이론」(1948)은 정보엔트로피 등 디지털 통신 이론의 토대를 만들었다. 2021년 현재까지도 절대적인 권위를 가지는 이 논문은 다른 학자들에 의하여 130,000회 이상 인용되었다. 참고로, 왓슨과 크릭이 DNA의 이중나선을 밝힌 논문 「핵산의 분자구조」는 현재까지 15,000회가량 인용되었고, 아인슈타인이 특수상대성을 창시한 논문 「동체의 전기역학」은 6,000회가량 인용되었다.

2부

모양과 상상

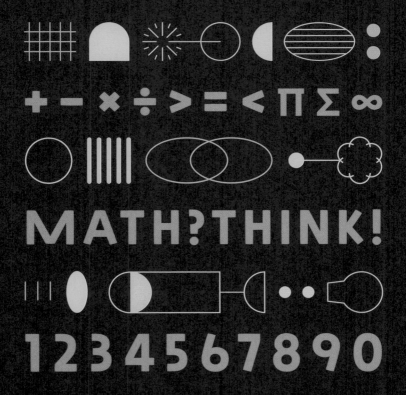

08

벽지무늬 속에 숨겨진 수학

: 대칭의 아름다움

당신은 이미 위대한 기하학자이다

20세기 최고의 기하학자 중 한 명인 윌리엄 서스턴(1946~2012)
은 「3차원 공간을 바라보는 법」이란 글을 이렇게 시작한다.

> 우리 모두는 엄청난 기하학적 능력을 가지고 있다. 군중을 뚫
> 고 걸어가 반대편에 있는 친구를 만날 수 있다는 것은 정말 놀라
> 운 일이다. 그것은 어떠한 수학 박사의 논문보다도 더 뛰어난 지
> 적인 성취이다.

조금 생각해 보면, 셀 수 없이 많은 기하학적 기적이 여기에 숨

어 있다. 수많은 사람의 얼굴을 동시에 보고, 필요 없는 정보는 버려 가면서 친구의 얼굴을 찾는 것. 단 한 번도 정확하게 같은 각도로 그 친구를 바라본 적은 없겠지만, 기억 속에 저장된 친구의 3차원 모습을 적절하게 회전시켜 우리의 망막에 맺힌 상과 비교해 내는 것. 왼쪽 눈과 오른쪽 눈에 맺힌 미묘한 모습의 차이로 친구와의 거리를 측정해 나가며 다가가는 것. 다리의 여러 관절을 복합적으로 회전시키면서, 근육을 정확하게 움직이면서 완벽하게 균형을 잡는 것. 옆에서 튀어 나오는 사람들을 모두 피하면서 경로를 수정하는 것. 우리의 마음은 이런 기하학적인 연산을 컴퓨터의 어떠한 GPU(그래픽 연산 장치)보다도 더 융통성 있게, 다재다능하게 실시간으로 해 내고 있다. 놀랍지 않은가?

특히, 복잡한 현상 속에서 단순한 **구조**를 눈 깜짝할 사이에 찾아내는 것은 우리의 놀라운 기하학적 본능이다. 우리는 아름다움이라는 만족감을 스스로에게 상으로 주면서 이러한 작업을 더 빨리, 열심히 할 수 있도록 북돋아 주고는 한다.

다음에 볼 왼쪽 그림은 볼품 없는 내 필체인데, 조금 축소한 오른쪽 그림을 보면 이제 무언가가 반복되고 있다는 느낌이 들 것이다.

더욱 작게 축소한 아래의 그림(제프리 윅스의 KaleidoPaint 앱 이용)은 어떤가?

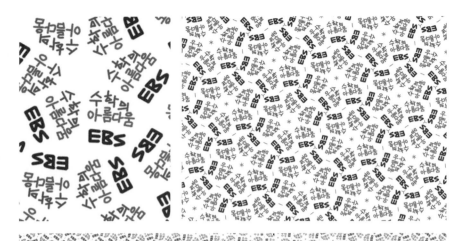

우리는 무의식 중에 반복되는 패턴을 찾아낼 수 있다

무언가 노력하지 않고 조금 멀리서 바라보기만 해도 된다. 거의 즉각적으로 여러 개의 '줄'이 눈에 들어올 것이다. 그리고 하얀 공백들이 수많은 삼각형과 육각형으로 벌집의 모양을 이루고 있다. 똑같이 생긴 모양이 반복되며 평면을 채우는 것, 이것이 바로 이 무늬의 구조이다. 이 구조가 마음에 보이는 순간, 우리는 아름다움을 느끼기 시작한다.

기하학의 아주 짧은 역사

앞의 그림처럼 작은 모양(**타일**)이 끊임없이 반복되면서 벽을 채우는 것을 **벽지무늬**, 혹은 쪽매맞춤이라고 부른다. 이와 같은 벽지무늬는 터키의 양탄자나 이슬람 사원의 문양에서 보이는 것처럼 오랫동안 우리의 문명 속에 있었다. 하지만 이 무늬의 연구가 기하학의 한 분야가 된 것은 근대의 일이다.

현대 기하학의 아버지라 불리는 천성선(1911~2004)은 기하학의 발전을 여섯 단계로 설명하였다.

(1) 유클리드의 『원론』. 기원전 3세기. 총 13권에 달하는 방대한 교과서인 이 책에서 유클리드는 기하학이 공리와 증명으로

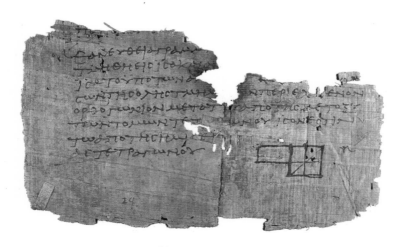

『원론』의 1세기 사본

이루어진 완전한 논리 체계임을 주장하였다(증명에 대하여
서는 이 책의 5장에서, 『원론』에 대하여서는 10장에서 다루고
있다). 위 그림은 『원론』에서 등식 $ab + \left(\dfrac{a-b}{2}\right)^2 = \left(\dfrac{a+b}{2}\right)^2$
을 그림으로 증명하는 부분이다.

(2) 르네 데카르트(1596~1650)와 피에르 드 페르마(1607~1665)
  의 좌표. 17세기. (x, y)와 같은 좌표를 도입하면 복잡한 도
  형도 방정식으로 표현할 수 있다. 예를 들어, 포물선이란
  한자가 뜻하는 그대로, 던져진 물체가 날아가는 경로인데,
  다음과 같은 방정식으로 나타난다.

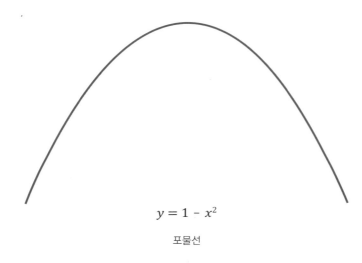

$$y = 1 - x^2$$

포물선

(3) 아이작 뉴턴(1642~1727)과 고트프리트 라이프니츠(1646~
1716)의 미적분. 17세기. 미분과 적분을 사용하면 천체의
운동 법칙을 수학적으로 증명할 수 있다. 당시까지 천체는
말 그대로 하늘 위의 물체라는 신비의 대상이었다.

(4) 펠릭스 클라인(1849~1925)과 마리우스 리(1842~1899)가 연
구한 대칭성. 19세기. 기하학이란 공간의 대칭성을 공부하
는 것이다.

(5) 카를 프리드리히 가우스(1777~1855)와 베른하르트 리만(1826
~1866)이 발견한 공간의 휨. 19세기. 우리가 사는 우주가 휘
어 있을 수 있다는 발견은 아인슈타인의 일반상대성이론에
결정적인 기반이 되었다.

(6) 엘리 카르탕(1869~1951)과 해슬러 휘트니(1907~1989)가 연
구한 부드러운 공간의 성질. 20세기. 매우 비슷한 공간이라
도 그 안을 부드럽게 움직이는 방법은 완전히 다를 수도 있
다. 예를 들어, 4차원 좌표 공간 (x, y, z, w)를 부드럽게 움
직이는 본질적으로 다른 방법이 여러 개 있다는 것이 도널
드슨, 프리드먼의 결과이다(각각 1982년, 1986년 필즈 메달
수상자이다.)

특히 4단계, 공간의 대칭성에 대한 연구로부터 현대 기하학이
시작하였다. 모든 공간의 대칭성을 탐사의 대상으로 삼는 이 연구

펠릭스 클라인

는 **에어랑겐 프로그램**이라 불리며 현재에
도 진행 중이다. 당시까지 기하학의 주된
관심사는 거리의 측정이나 모양의 분석이
었는데, 19세기 추상대수학의 폭발적인 발
전으로 인하여 사람들은 공간 안의 물체보
다 공간 전체의 모양에 관심을 두기 시작
하였다. 이때 공간의 대칭성을 가장 중요
한 연구 대상으로 두어야 한다는 이 프로
그램은 독일 에어랑겐대학에 갓 부임한 젊
고 야심 찬 수학자 펠릭스 클라인의 제안
으로 시작되었다.

클라인의 영향을 받은 에미 뇌터(1882~  1935)는 여성에 대한 수많은 차별을 압도적인 수학적 능력으로 잠재운 인물이다. 처음 입학한 에어랑겐대학에서는 여학생을 정식으로 받을 수 없다는 대학의 입장 때문에 매 과목마다 교수의 허락을 따로 받고 청강을 하였다. 결국 뛰어난 실력으로 졸업하였지만 에어랑겐대학에서 월급 없는 강사직을 맡아야 하였다. 1915년 클라인과 힐베르트(1, 2, 5장 참조)의 초청으로 독일 괴팅겐대학에서 연구를 시작하였으나 여전

에미 뇌터

히 교수직도, 월급도 받지 못하였다. 화가 난 힐베르트는 그녀를 차별하는 교수회의에서 "후보의 성별이 교수직과 도대체 무슨 상관인가. 여기가 대학이지, 목욕탕인가!"라고 소리쳤다고 한다.

가족의 도움으로 생활비를 마련하는 악조건하에서도 뇌터는 괴팅겐에서 1919년 **뇌터의 제1정리**를 완성한다. 여전히 차별로 인해 클라인이 대신 학계에 발표를 해 주어야만 했던 이 정리는 운동량과 에너지의 보존 법칙이라는, 물리학의 기본 상식과도 같은 법칙이 실은 시공간의 대칭성으로부터 유도되는 수학적 정리임을 증명하여 당시 수학계와 물리학계를 충격에 빠뜨렸다. 이 결과는 아

인슈타인의 일반상대성이론의 중요한 모순을 해결하였고, 수많은 학자들의 극찬을 받았다.

대칭이란 무엇일까

대칭이라는 개념은 수학자들이 가장 애호하는 관심사이다. 대수학, 미분방정식, 그래프 이론, 위상수학 등 어떠한 분야를 공부하더라도 수학적인 대상이 가지는 대칭성에 대한 논의는 반드시 핵심적인 위치를 차지하고 있다.

우리가 대칭이란 단어에서 처음 생각하는 것은 다음과 같이 좌우가 겹쳐지는 **거울대칭**일 것이다.

경복궁의 정면 사진. 좌우가 거의 정확하게 겹쳐지는 대칭의 모습이다.

완벽한 거울대칭은 연예인의 얼굴에서도 종종 볼 수 있다.

영화배우 오드리 헵번은 거의 완벽한 거울대칭의 얼굴을 하고 있다.

일반적으로, 원래의 대상을 움직이되 자기 자신과 정확하게 겹쳐지도록 하는 것도 우리는 **대칭**이라 부른다. 아래의 눈송이 모양은 60도를 돌리거나 좌우를 뒤집어도 원래 모양과 겹쳐지는 대칭을 가지고 있다.

눈송이는 회전과 거울대칭을 가지고 있다.

수학에서 말하는 대칭은 더욱 일반적이다. 어떤 대상 X를 자기 자신으로 보내는 일대일대응(2장 참조)으로서 X의 구조를 보존하는 것을 모두 **대칭**이라고 부른다. 여기서 **구조**는 X가 가진 수학적인, 즉 대수, 기하, 미적분 등등의 성질 모두를 말한다.

하나의 정사각형을 생각해 보자(a).

가운데를 지나는 직선에 대하여 좌우를 바꾸어 주면 원래의 정사각형에 정확하게 겹치게 된다. 왼쪽의 정사각형의 꼭지점을 1, 2, 3, 4로 부른다면, 이 **거울대칭**은 1과 2를 바꾸고, 3과 4를 바꾼다. 즉 꼭지점 1, 2, 3, 4를 각각 2, 1, 4, 3으로 보내는 일대일대응이다.

또한, 정사각형을 90도 돌려도 원래의 정사각형에 정확하게 겹쳐진다(b). 이 **회전대칭**은 꼭지점 1을 2로, 2를 3으로, 3을 4로, 4를 다시 1로 보낸다.

한편 꼭지점 1, 2, 3, 4를 각각 1, 3, 2, 4로 보내는 대칭은 없다. 꼭지점 1을 꼭지점 1로 보낸 순간, 2가 갈 수 있는 곳은 1과 이웃한 2 혹은 4뿐이기 때문이다(c).

간단히 이야기하면, 대칭이란 그 대상 자신에게 "겹쳐지도록 이름 바꾸기"이다. 처음의 거울대칭에서 1234란 이름을 2143으로 바꾸었듯이.

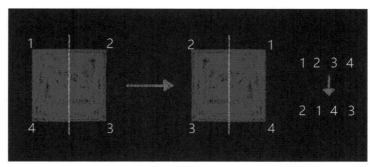

(a) 정사각형의 거울대칭

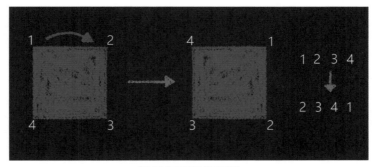

(b) 정사각형의 회전대칭

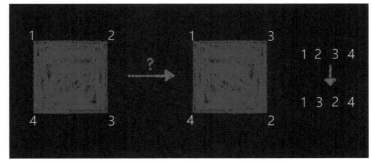

(c) 1을 1로, 2를 3으로 보내는 대칭은 없다.

벽지무늬와 마법의 정리

이 장 처음에 보았던 그림의 대칭성은 어떻게 될까? 적당한 거리를 두고 바라보면 우리의 뇌는 매우 빠른 속도로 패턴을 찾기 위해 노력한다. 이렇게 저렇게 비슷한 모양을 찾기도 하고, 그림을 이리저리 움직여 겹쳐 보기도 하면서.

시간이 지나면 우리에게는 같은 모양 6개가 모이는 지점들('수학' 앞의 *), 3개가 모이는 지점들('EBS'가 끝나는 곳의 ㅅ), 두 개가 모이는 지점들('아름다움'이 끝나는 곳의 +)이 보이게 된다. 점 *를 중심으로 60도 회전(즉 한 바퀴의 1/6)하거나, 점 ㅅ을 중심으로 120도 회전(한 바퀴의 1/3)하면 원래의 그림과 정확하게 겹쳐진다. 혹은 점 +를 기준으로 180도(한 바퀴의 1/2) 돌려 보아도 마찬가지이다.

더더욱 멀리서 보면 이러한 대칭점은 세 개의 방향을 따라 줄 서 있음을 알게 된다. 그리고 육각형의 벌집 구조가 평면을 가득 채우고, 각각의 벌집은 여섯 개의 '타일'로 나뉘어 각각 "수학의 아름다움 EBS"란 문구를 하나씩 지니고 있다. 이렇게 작은 타일이 일정한 규칙에 따라 평면을 채우는 것을 **벽지무늬**라고 부른다.

에어랑겐 프로그램의 관점에서 보면, 벽지무늬는 무한한 평면이 가지는 대칭 중의 하나이다. 수학자 존 호턴 콘웨이(1937~2020)

세 종류(*, ㅅ, +)의 대칭성이 무한히 반복된다. 콘웨이 코드 632

는 각각의 벽지무늬에 이름을 붙이는 방법을 고안하였다. 위와 같
이 서로 다른 세 종류의 회전점(1/6, 1/3, 1/2 바퀴)이 무한히 반
복되는 패턴은 632라는 **콘웨이 코드**를 가진다.

사실 벽지무늬에는 이 그림보다 훨씬 더 이해하기 쉬운 것이 많
다. 공중 화장실이나 목욕탕 같은 곳에서 상상해 볼 수 있는 다음
무늬를 보자.

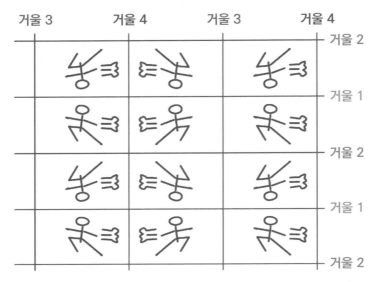

네 종류의 거울대칭으로 평면을 채우고 있다. 콘웨이 코드 *2222

작은 직사각형들이 평면을 채우고 있음이 보인다. 작은 직사각형에는 사람의 무늬가 있는데, 이 무늬들은 각 직선에 거울대칭을 이룬다. 사람의 위치에 따라 거울(직선)은 네 종류로 분류할 수 있다. 사람의 머리 위를 지나는 직선(거울 1), 발을 지나는 직선(거울 2), 사람의 앞에 서 있는 직선(거울 3), 사람의 뒤에 서 있는 직선(거울 4)이다. 무한한 평면 위를 채우는 반복되는 무늬라 생각할 수도 있다. 이 모양에 대한 또 다른 관점은 4면이 거울인 작은 방 안의 사람이 보는 풍경으로 생각하는 것이다.

4개의 회전(2222)

이집트의 무덤벽화
콘웨이 코드 2222.
네 종류의 회전점이 표시되어 있다.

3개의 거울(*333)

페르시아의 타일
콘웨이 코드 *333.
세 종류의 거울이 표시되어 있다.

이렇게 네 개의 거울이 각각 90도(＝180도/2)를 이루며 있을 때 콘웨이 코드는 *2222로 정해진다. 여기서 *는 그 뒤에 있는 수들이 거울 사이의 각도를 나타낸다는 신호이다.

위의 왼쪽 그림은 이집트의 어떤 무덤에서 발견된 벽화인데, (우리가 그려 놓은) 회전점을 중심으로 180도(1/2바퀴) 돌려 주면 그 무늬에 똑같이 겹쳐진다. 서로 다른 네 종류의 회전점이 있고, 콘웨이 코드는 2222로 주어진다. 오른쪽 페르시아의 타일은 세 종류의 **거울**이 있고 이들이 각각 120도(1/3바퀴)로 만나 콘웨이 코드 *333을 가진다. 앞서 말한대로 *는 거울을 의미한다.

콘웨이는 이렇게 무늬를 나타내는 코드가 만족하는 놀라운 관계식을 찾아내었다. 예를 들어 거울이 없는 경우, 콘웨이 코드 632 는 등식 $\frac{6-1}{6} + \frac{3-1}{3} + \frac{2-1}{2} = 2$를 만족한다. 또한, 거울이 있다면 $*333$에서 $1 + \frac{3-1}{2\cdot3} + \frac{3-1}{2\cdot3} + \frac{3-1}{2\cdot3} = 2$를 만족한다.

이를 모두 확장하여 콘웨이는 자신의 코드가 $ab\cdots(*xy\cdots)$ 꼴로 나타날 때 반드시 $\frac{a-1}{a} + \frac{b-1}{b} + \cdots + \left(* + \frac{x-1}{2x} + \frac{y-1}{2y} + \cdots\right)$ $= 2$가 성립한다는 **마법의 정리**를 증명하였다(그가 스스로 붙인 이름이다). 여기서 괄호 안의 수는 거울 $*$이 없는 경우 0으로 간주한다.

여기에서는 따로 설명하지 않은 **미끄럼반사**(콘웨이 코드 ×)와 **평행이동**(콘웨이 코드 ○)을 포함하도록 마법의 정리를 확장할 수도 있다.

중세 건물
콘웨이 코드 ○

이집트 양탄자
콘웨이 코드 × ×

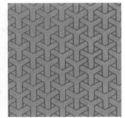

중국 도자기의 벽지무늬
콘웨이 코드 3*3

콘웨이는 마법의 정리를 이용하여 벽지무늬의 종류가 정확하게 17개 있다는 것을 현대 수학의 세련된 방법으로 증명하였다. 각각 그려진 무늬들은 다를 수 있지만(사람 대신 강아지를 그려 보아도 될 것이다) 그 근본적인 구조에는 17개의 가능성만이 있다는 뜻이다.

더 많은 무늬를 찾아서

아주 오랫동안 인류 문명과 함께해 온 벽지무늬는 20세기가 되어서야 모두 분류될 수 있었다. 사실 17개의 종류가 가능하다는 것은 수 세기 동안 알고 있었지만, 더 이상 없다는 것을 증명하기 위해서는 인류 문명의 성숙을 좀더 기다려야 하였다. 대칭을 수학적으로 다룰 수 있는 도구가 개발된 19세기 말이 되어서야, 에프그라프 페도로프(1853~1919)와 포여 죄르지(1887~1985)가 그 증명을 완성하였다. 그리고 콘웨이는 현대 기하학의 언어로 그 증명을 다시 풀어내었다.

포여 죄르지   에프그라프 페도로프   아르투르 쇤플리스

이야기는 여기서 끝나지 않는다. 좋은 수학 문제가 풀리고 나면, 마치 물꼬가 트이듯이 사람들은 재미있는 생각을 더 풍부하게 이어 나간다. 아이디어가 꼬리의 꼬리를 물면서.

먼저, 고차원에서는 무슨 일이 일어날까? 3차원을 가득 채우는 벽지무늬의 개수는 결정학자, 화학자의 큰 관심사이기도 하였다. 이 문제 역시 19세기 말 풀렸는데, 페도로프와 아르투르 쇤플리스(1853~1928)가 찾아낸 그 답은 230개였다. 그렇다면 4차원은? 5차원은? 각각 4,894개와 222,097개가 있음이 20세기 말, 21세기 초에 증명되었다. 6, 7, 8차원에서는 어떤 일이 일어날까? 아직 인류가 가진 수학적 테크닉은 이 문제를 풀기에 충분하지 않을지도 모른다. 또한 타일의 확대와 축소를 허용하면서 공간을 채우는 방법 역시 모두 분류할 수 있다는 **아우스랜더 추측**도 현대 수학의 중요한 주제이다.

물리학자 로저 펜로즈(1931~)는 약간 다른 질문을 생각하였다. 정확하게 똑같이 생긴 타일 몇 개로 2차원 평면을 채우되, 그 규칙이 끊임없이 바뀌는 신기한 방법이 있을까? 그는 **펜로즈 타일**이 그러한 **비주기적 타일링**임을 증명하였다. 결정학자 댄 셰흐트만(1941~)은 이와 비슷한 3차원 공간의 무늬가 **준결정**이라는 이름으로 알루미늄-망간 합금에서 실제 나타난다는 발견을 했고, 그 공로로 1981년 노벨상을 수상하였다.

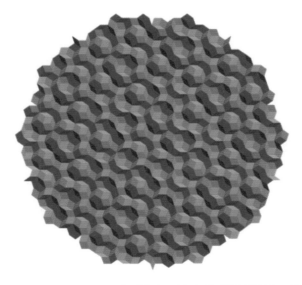

펜로즈 타일링. 두 종류의 마름모꼴을 사용하고 있으나, 일정하게 반복되는 규칙으로는
전체 그림을 설명할 수 없다. 아담 가우처의 소스 코드를 수정하여 제작함.

이뿐 아니라 11장에서는 우주의 모양을 벽지무늬처럼 생각하는
법을 다룬다. **유한한 모양**이 **무한한 공간**에 반복되는 것처럼 보이지
만, 실은 벽지무늬는 **유한한 공간**에 살고 있는 대상이 자기 자신을
무한히 다른 방법으로 바라보는 것이라는 사실을 알아볼 것이다. 두
개의 거울 사이에 서 있으면 무한히 많은 자기 자신의 모습이 보
이듯이.

수학의 다른 이름, 대칭

대칭성은 여러 가지의 의미와 형태로 수학 전반에 걸쳐 확장되었다. 여기서는 정다면체들이 가지는 거울대칭성을 이야기해 보자.

플라톤(기원전 428~348)은 그의 저서 『티마이오스(대화편)』에서 모든 물질이 불, 흙, 공기, 물로 이루어졌다는 **사원소설**을 주장하였다. 그는 또한 이들이 이상적인 기하학적 모양인 정사면체(불), 정육면체(흙), 정팔면체(공기), 정이십면체(물)의 모습을 띠고 있다고 생각하였다. 정십이면체는 열두 개의 별자리를 가지는 하늘을 나타낸다고 하였다(11장에서는 정십이면체로 채워진 하늘이 등장한다.)

| 정사면체 | 정육면체 | 정팔면체 | 정십이면체 | 정이십면체 |

이러한 정다면체 중에서 먼저 정육면체와 정팔면체가 가지는 점, 선, 면의 개수를 한번 세어 보자. 정육면체의 꼭지점은 8개, 선은 12개임을 알 수 있다. 면의 개수는? 정육면체라는 이름에서 이미 6개라 말하고 있다.

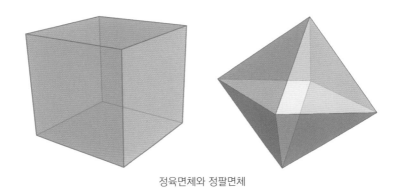

정육면체와 정팔면체

마찬가지로 정팔면체에서도 같은 셈을 하여 보면 아래의 표와
같다.

다면체	정육면체	정팔면체
(점, 선, 면)의 개수	(8, 12, 6)	(6, 12, 8)

정육면체가 가지는 (점, 선, 면)의 개수 (8, 12, 6)을 뒤집으면 정
팔면체에 나타나는 (점, 선, 면)의 개수인 (6, 12, 8)이 된다. 우연
일까?

한번 정십이면체와 정이십면체을 생각해 보자. 조심해서 이 둘
을 그려 보고 (점, 선, 면)의 개수를 천천히 잘 세어 보자(시간이 꽤
걸릴 것이다).

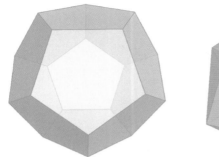

정십이면체와 정이십면체

다면체	정십이면체	정이십면체
(점, 선, 면)의 개수	(20, 30, 12)	(12, 30, 20)

　　역시 (점, 선, 면)의 개수가 서로 역순으로 나타난다. 이렇게 개
수들 사이에 있는 역순의 관계는 마치 거울에 비친 모습과도 같아
거울대칭이라고도 불린다.

(20, 30, 12) | (Տ Ⱦ ,ƆƐ ,ՕՏ)

(점, 선, 면) 거울 (점, 선, 면)

점, 선, 면의 개수 사이에 있는 거울대칭

그렇다면, 정사면체에는 어떤 거울대칭이 있을까? 정사면체의 꼭지점, 선, 면의 개수는 각각 (4, 6, 4)이다. 뒤집어도 (4, 6, 4)이니 자기 자신에 거울대칭을 이미 가지고 있다.

정사면체

이러한 대칭성은 정다면체가 아닌 곳에서도 찾아볼 수 있다. 예를 들어 아래는 축구공을 다면체로 표현한 것인데, 오각형과 육각형이 섞여 있다. 이것의 점, 선, 면을 차근차근 세어 보면 (32, 90, 60)개가 된다.

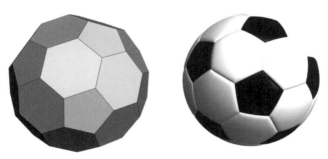

축구공을 나타내는 다면체. 축구공 모델은 stackexchange.com에서 닉네임 Michael E2의 소스 코드를 이용

이의 거울대칭은? **오방십이면체**라고도 불리는 다양체는 아르키메데스(3장)가 찾아낸 13개의 다면체 중의 하나이다. 이것의 (점, 선, 면)의 개수는 (32, 90, 60)의 거울대칭인 (60, 90, 32)가 된다!

오방십이면체

이렇게 점(0차원), 선(1차원), 면(2차원)의 개수처럼 차원을 옮겨 다니면서 생겨나는 거울대칭성은 프랑스의 위상수학자 앙리 푸앵카레(1854~1912)의 이름을 따서 **푸앵카레 쌍대성**이라 불린다.

이외에도 함수들 사이의 대칭을 다루는 **폰트랴긴 쌍대성**, 전기장과 자기장 사이의 대칭 관계인 **전기-자기 쌍대성**, 함수 이론과 정수론이라는 두 학문 사이의 대칭을 파고드는 **랭랜즈 가설**, 다항식의 인수분해와 그래프의 모양 사이에 있는 대응 관계를 찾아내는 **콘체비치 거울대칭 가설** 등은 현대 수학이 활발하게 다루는 대상이다.

대칭은 이렇게 의심의 여지 없이 수학에서 가장 핵심적인 연구 주제가 되었다. 심지어, 대칭은 수학의 다른 이름이라 말하여도 절대 과언이 아닐 것이다.

새로운 수학, 새로운 산업

놀랍지 않은가? 23살의 천재 수학자 펠릭스 클라인이 던진 조금은 허황된 제안, 에어랑겐 프로그램이 150년이 지난 지금까지도 수많은 수학자에게 도전과 영감을 주고 있다는 것이.

수학계에서는 위대한 수학자를 종종 **문제풀이자**(problem solver)와 **산업개발자**(industry builder)로 나누어 생각하고는 한다. 문제풀이자는 유명하고 영향력 있는 문제를 풀어서 각광을 받는 사람이고, 산업개발자는 오랫동안 많은 사람들이 연구할 분야를 개척하는 사람이다. 지금도 매일 쏟아지는 수학 논문의 홍수 속에서, 리만이나 힐베르트, 클라인처럼 앞으로 100여 년 동안 수학자들의 생각 거리가 될 만한 질문을 찾는 일은 고되면서도 벅찬 기대의 연속이다.

레프 폰트랴긴

러시아에서 20세기 초에 태어난 레프 폰트랴긴(1908~1988)은 집안이 가난해 열악한 환경에서 초중등교육을 받을 수밖에 없었다. 게다가 14살이 되던 해에 집의 오븐이 폭발하면서 시력을 완전히 잃게 되었는데, 그의 어머니는 포기하지 않고 그의 옆에서 책을 대신 읽어 주었다. 대학 시절, 그리고 그 뒤로도 그의 삶 동안 어머니는 조수로, 보호자로 그를 도왔다.

결국 그는 21살에 모스크바대학 교수가 된 이후 위상수학, 미분방정식, 제어 이론 분야에 놀라운 업적들을 남기며 20세기 러시아의 가장 위대한 위상수학자로 남게 된다. 특히 함수 사이의 대칭성에 대한 그의 기념비적인 업적은 **폰트랴긴 쌍대성**이란 이름으로 수학사에 영원히 남게 된다.

수학을 공부하는 모든 사람들은 폰트랴긴의 이름이 들어간 정리와 정의를 들을 때마다, 거기에 이르기까지 옆에서 도우며 논문을 읽어 주고 그의 말을 받아 적었을 그 어머니를 기억해 볼 만하다. 그리고, 시각적 경험은 겨우 14살에 멈췄지만 평생 동안 상상 속에서 아름다운 기하학적 현상들을 구축해 가던 그의 마음을 곱씹어 보아도 좋겠다.

불가능을 증명할 수 있을까?

: 3대 작도 문제

작도, 이데아의 체험

　고대 그리스의 플라톤은 서구 역사상 아마도 가장 영향력 있는 철학자일 것이다. 당시 아테네는 정치와 사회 면에서 많은 혼란 속에 있었는데, 플라톤은 이러한 상황을 철학이라는 도구로 이해하고 해결책을 찾아보고자 하였다. 엄청난 깊이와 보편성을 지닌 그의 사상은, 그 후 2500년이 지난 지금까지 인류의 철학 문명에 큰 영향을 주고 있다.

　플라톤 철학의 핵심에 놓여 있는 것은 **이데아** 이론이다. 길거리의 돌멩이 같은 **물질의 영역**, 생각과 감정 같은 **정신의 영역** 말고도 추상의 대상들이 살고 있는 제3의 영역, **이데아**의 세계가 있다는 주장이다. 이 주장에 의하면 선함, 아름다움, 평등과 같은 추상의 대상들이 이데아의 세계에 실재하고 있고, 우리가 세상에서 보고 체험하는 것들은 이 이데아의 그림자일 뿐이라는 것이다.

플라톤은 수학의 대상을 이데아의 좋은 예로 생각하였다. 아무리 비싼 컴퍼스와 연필을 쓰더라도 완벽하게 동그란 원은 종이에 그릴 수 없다. 현미경으로 (당시에는 없었지만) 수백만 배 확대해 보면 반듯해 보이던 원도 결국 삐뚤빼뚤해 보이게 된다. 혹은 1, 2, 3 같은 자연수, 피타고라스의 정리, $x^2 - x + 1 = 0$ 같은 방정식 등 수학의 개념도 우리가 현실에서 만져 볼 수 있는 대상이 아니다. 플라톤에 따르면 그러한 수학의 대상들이 이데아의 세계에 살고 있다는 것이다.

이러한 생각은 알게 모르게 현대에까지 이어지고 있다. 우리가 5장에서 잠깐 살펴보았듯 현대 수학자들이 수학을 바라보는 관점에는 형식주의와 직관주의가 있다. 형식주의자는 수학이 기계적인 기호들의 나열일 뿐이라 생각하고, 직관주의자는 마음속의 활동으로 이해한다.

하지만 기호의 나열만으로 보기에 수학은 너무 강력하다. 그리고 이 책 곳곳에 나오는 것처럼 인류의 문명을 움직인 아름다운 아이디어에는 분명히 기호를 넘어서는 실체적인 무언가가 있다. 한편, 인간 마음의 활동만이 수학의 전부라 생각하기에 수학은 너무 보편적이다. 개인이 죽거나, 심지어 태양계가 생명을 다한다 하더라도 수학의 내용이 틀린 것으로 변할 것 같지는 않다. 여기까지 동의한다면, 독자도 마음속으로 플라톤주의를 믿고 있는 셈이다. 추상적인 수학의 대상은 어딘가에 실재한다고. 많은 수학자의 마음도 다르지 않다.

플라톤은 눈금 없는 자와 컴퍼스로 그림을 그리는 것, 즉 **작도**를 통하여 이데아 세계를 체험할 수 있다고 믿었다. 무한한 직선과 완벽한 원이라는 이데아의 대상을 직접 볼 수는 없다. 하지만 우리는 그 모양을 종이에 그려 볼 수 있고, 이데아에서 일어나는 일들의 그림자를 간접적으로나마 볼 수 있다는 것이다. 눈금을 이용하여 거리나 각도를 재는 것은 필연적으로 오차를 초래하고, 오히려 이데아를 체험하는 데에 방해가 된다고 생각하였다.

3대 작도 불능 문제

플라톤을 포함한 그리스 인의 작도에 대한 사랑은 유클리드(기원전 3세기)가 쓴 기하학 교재 『원론』에도 잘 나타난다. 아주 단순한 작도로부터 시작해서, 두 원의 공통 접선 찾기 같은 아주 복잡한 문제까지도 그 방법을 자세하게 설명하고 있다.

예를 들어, 각의 이등분 문제를 생각해 보자. 주어진 각을 언제나 정확하게 같은 두 개의 각으로 나눌 수 있는가? 100도가 주어지면 50도, 34도가 주어지면 17도를 그리는 방법이 있는가?

그리스 인은 이 문제를 세 번의 컴퍼스 사용만으로 쉽게 해결하였다. 먼저 아래와 같이 각이 주어져 있다고 하자.

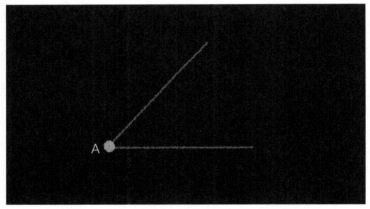

주어진 각을 이등분할 수 있을까?

먼저, A를 중심으로 하는 원(1)을 그려 주어진 각과 만나는 두 점 B, C를 표시하자. 반지름은 아무렇게나 잡아도 좋다.

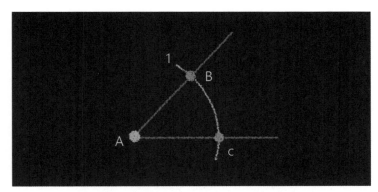

주어진 점에 맞춰 원을 아무렇게나 그려 본다.

이제, B를 중심으로 하는 원(2)과 C를 중심으로 하는 원(3) 사이의 교점을 D라 하자. 단, 이 두 개의 원은 같은 반지름을 가져야 한다. 그렇게 하면, A와 D를 잇는 직선(4)은 주어진 각을 정확하게 반으로 나누는 직선이 된다!

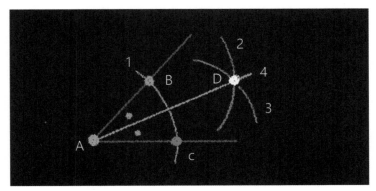

원 2와 원 3을 그리고, 그 만나는 점 D를 그리면 각을 둘로 나누게 된다.

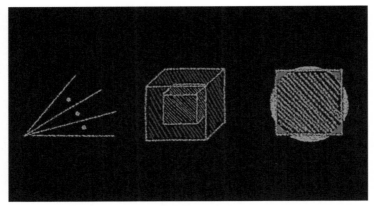
그리스의 3대 작도 문제

대부분의 작도 문제는 이렇게 차근차근 과정을 밟아 나가 해결
할 수 있었지만, 지식이 쌓여 가면서 그리스 인들은 도저히 해결하
지 못하는 세 가지 난제에 부딪히게 되었다.

첫 번째 난관은 각의 삼등분 문제였다. 우리는 주어진 각을 반
으로 나누는 법에 대하여 알아보았다. 반으로 나눈 것을 다시 반으
로 나누면 4등분, 8등분도 가능하다. 그렇다면, 삼등분도 간단한
답이 있지 않을까? 예를 들어, 60도의 각이 주어졌을 때, 20도와
40도를 그릴 수 있을까?

둘째는 정육면체의 부피를 두 배로 작도하는 문제이다. 여기에
는 전설이 있는데, 그리스의 델로스 섬에 전염병이 돌았을 때의 이
야기이다. 아폴론 신의 예언을 받기 위해 델포이의 신탁을 찾아간

델로스 시민들은 지금 제단의 부피를 두 배로 만들라는 조언을 듣는다. 제단의 모양은 정육면체였다.

처음에 시민들은 가로, 세로, 높이의 길이를 모두 두 배로 만들어 제단을 바쳤다고 한다. 하지만 이는 도리어 아폴론의 화를 돋군다. 만일 가로, 세로, 높이가 1미터였다면 부피는 1세제곱미터인데, 길이들을 모두 두 배로 만들면 그 부피는 (가로)×(세로)×(높이)=8(세제곱미터)로 여덟 배가 되기 때문이다. 부피가 정확히 두 배가 되는 제단을 만들려면, (가로)×(세로)×(높이)=2가 되도록 하여야 한다. 즉, 2의 세제곱근($\sqrt[3]{2}$)을 자와 컴퍼스로 그려야 하는데 과연 가능할까?

델로스 시민의 고민을 들은 플라톤은 잠시 생각에 잠기더니 아폴론의 뜻을 가늠하여 이야기해 주었다고 한다. "이것은 세속적인 욕심과 분쟁을 잠시 내려두고, 기하학과 수학 속에 깊이 침잠하여 보라는 뜻이오." 잘 모르겠다는 대답을 이렇게 멋있게 표현하는 내공이라니.

세 번째는 주어진 원과 넓이가 같은 정사각형을 작도하는 문제이다. 만일 원의 반지름이 1이었다면 그 넓이는 원주율 $\pi = 3.1415\cdots$가 된다. 한편, 가로와 세로의 길이가 각각 a미터인 정사각형의 넓이는 a^2(제곱미터)이다. 따라서 두 넓이가 같으려면 제곱하여 원주율이 나오는 수, 즉 원주율의 제곱근을 찾아야 한다. 다시 말해, 세 번째 문제는 원주율의 제곱근을 자와 컴퍼스로 만들어 내라는 문제이다.

3대 작도 문제는 고대 그리스 시대부터 사람들의 큰 관심을 끌었다. 특히 각의 삼등분은 역사적으로 매우, 매우 많은 오답이 제시되었는데, 언뜻 정답처럼 보이더라도 모두 자의 눈금을 이용하거나 종이를 접는 것처럼 작도의 규칙에서는 허용되지 않는 과정을 교묘하게 포함한 오류를 가지고 있었다.

추상대수학의 등장

수많은 사람들의 관심에도 불구하고 3대 작도 문제는 2천여 년 동안 인류를 궁금하게만 하였다. 그리고 드디어 19세기, '수의 구조'라는 게임체인저가 대수학에 등장하면서 그 해결의 실마리가 조금씩 보이기 시작하였다. 수직선 위의 수가 서로 거미줄처럼 묶여서 하나의 튼튼한 구조물을 이룬다는 관찰이었다. 바로, 추상대수학의 탄생이었다.

추상대수학은 작도 문제를 어떻게 해결하였을까? 이는 먼저 **작도**를 수학적인 작업으로 이해하면서 시작한다. 작도란 완벽한 원과 무한한 직선을 이용한 마음속의 실험이다. 여기서 우리가 할 수

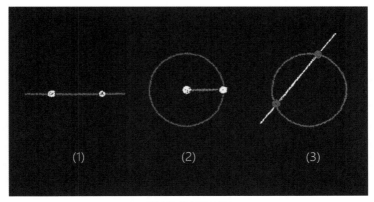

작도의 세 가지 규칙

있는 일은 세 가지뿐이다.

> (작업 1) 주어진 두 점을 지나는 직선을 그린다.
> (작업 2) 주어진 중심과 주어진 반지름으로 원을 그린다.
> (작업 3) (작업 1)과 (작업 2)를 통해 얻어지는 도형들끼리의 교
>   점을 표시한다.

이렇게 (작업 1), (작업 2), (작업 3)을 조합하면 무슨 일을 할 수 있을까? 어마어마하게 많은 그림을 그릴 수 있다! 유클리드가 『원론』에서 이미 상당 부분을 할애하여 다양한 작도의 결과를 소개하였다. 정오각형 그리기, 만나지 않는 두 원의 공통 접선 찾기 등 한참을 고민해야 겨우 답을 찾을 수 있는 경우도 많다.

직각을 삼등분하기

종종 사람들은 각의 삼등분 문제를 오해하여 "어떠한 각도 삼등분할 수 없다"고 이해하고는 한다. 하지만 그렇지 않다. 예를 들어 직각이 주어져 있다고 하자. 이를 삼등분할 수 있을까?

직각은 90도이므로, 이 문제는 30도를 자와 컴퍼스로 그려 보라는 것이다. 이 작업은 먼저 직선 위에 두 점 A, B를 표시해 놓고 시작한다.

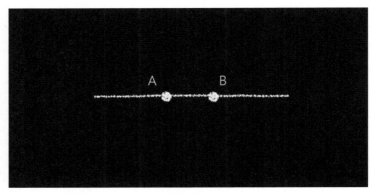

직선의 두 점 A, B

이제 A와 B를 중심으로 하는 같은 크기의 원 두 개를 다음과 같이 그려 본다.

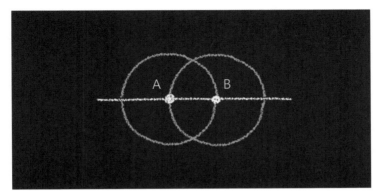

A, B를 중심으로 하는 두 원

두 원은 두 개의 점에서 만난다. 이 두 점 중 하나를 C라 부르면 A, B, C는 정삼각형을 이룬다. 삼각형 내각의 합은 180도이므로, 정삼각형 하나의 각은 60도이다. 우리는 방금 60도를 작도한 것이다.

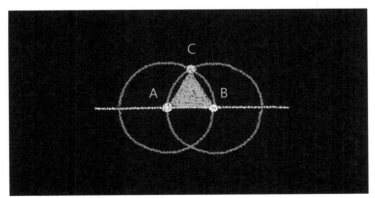

새로 생긴 교점과 A, B를 이어 주면 정삼각형을 그릴 수 있다.

앞서 말했듯, 어떠한 각을 가져와도 그 각을 이등분하는 것은 항상 가능하다. 마찬가지로 우리는 60도를 이등분해서 30도를 만들어 낼 수 있다. 방금 우리는 직각을 삼등분하였다!

그 밖에도 30도를 이등분한 15도라든지, 혹은 15도를 다섯 번 붙여서 얻어지는 75도라든지 작도 가능한 각은 얼마든지 많다.

60도는 삼등분할 수 없다

우리는 방금 60도와 30도의 작도법을 보았다. 한편, 1837년 피에르 방첼(1814~1848)은 20도를 작도하는 방법이 없음을 증명하였다. 다시 말해 60도는 작도로 삼등분할 수 없는 각이다.

방첼의 정리는 어떻게 증명할 수 있었을까?

조금 다른 관점에서 바라보면 작도란 새로운 길이를 찾아나가는 과정이다. 예를 들어 정삼각형을 작도할 때 우리는 두 개의 점 A와 B로 시작하였다. 이 둘 사이의 거리가 만일 2였다면, 정삼각형의 높이는 어떻게 될까? 피타고라스의 정리를 쓰면 그 높이가 $\sqrt{3}$이 됨을 알 수 있다. 즉, 우리는 2라는 주어진 길이로 시작하여 1도 만들고 $\sqrt{3}$도 만들어 낸 것이다. 비슷한 아이디어를 쓰면 1/3이나 $\sqrt{2+\sqrt{2}}$와 같이 더 복잡한 길이도 그릴 수 있다.

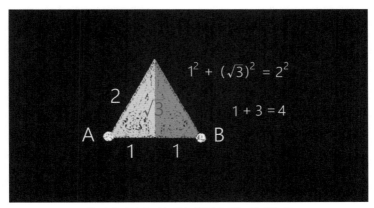

한 변의 길이가 2인 정삼각형의 높이는 얼마일까?

19세기 수학자들의 아이디어는 주어진 길이 1로 시작하여 그릴 수 있는 길이를 모두 모아 보자는 것이다. 그렇다면 **"작도 가능수들의 집합"** X는 다음의 작업으로 얻어진다.

(A) 만일 두 수가 X 안에 있다면, 그들 사이의 덧셈, 뺄셈, 곱셈, 나눗셈의 결과 역시 모두 X 안에 있다.

(B) 만일 하나의 수가 X 안에 있다면 그 수의 제곱근 역시 X 안에 있다.

역사상 최고의 수학자로 꼽히는 카를 프리드리히 가우스(1777~1855)는 19살에 정17각형을 작도하여 당시 사람들의 큰 반향을 불

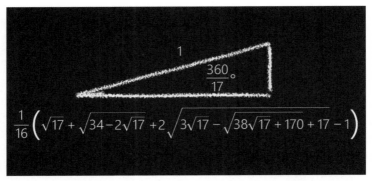

$$\frac{1}{16}\left(\sqrt{17}+\sqrt{34-2\sqrt{17}}+2\sqrt{3\sqrt{17}-\sqrt{38\sqrt{17}+170}+17}-1\right)$$

가우스가 360/17도를 작도한 방법. 아주 아주 복잡하지만 덧셈과 제곱근의 반복이다.

러일으켰다. 가우스는 하나의 각이 360/17인 직각삼각형의 길이
가 위와 같이 나타남을 보였다. 정수들의 덧셈과 제곱근의 반복
으로 길이가 나타나기에 이 삼각형이 작도 가능하다는 결론을 내
렸다.

조건 (A)와 (B), 즉 어떤 길이를 그릴 수 있다면 그 가감승제나
제곱근 역시 그릴 수 있다는 것은 고대 그리스 시절부터 잘 알려
진 사실이다. 하지만 그렇게 해서 얻어지는 모든 수들의 집합 X를
바라보기 시작한 것은 완전히 혁신적인 사건이었다.

이러한 수학의 혁신 위에 방첼은 1837년 다음을 증명하였다. 먼
저, 빗변의 길이가 1이고 하나의 각이 20도인 직각삼각형의 밑변
의 길이는 X에 없다. 가감승제와 제곱근만을 반복하는 작업으로
는 절대 구할 수 없다는 것이다.

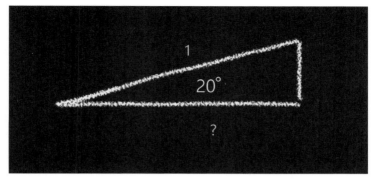
밑변의 길이는 그릴 수 없는 수이다.

또한, 방첼은 2의 세제곱근이 X에 없음을 보였다. 정육면체를
두 배로 하기 위하여서 꼭 필요한 이 수 역시 그릴 수 없는 것이다.
2천 년 동안의 난제였던 3대 작도 문제 중 첫 두 문제가 완전하게
해결된 순간이었다.

세 번째 작도 문제의 해결에는 시간이 좀더 필요하였다. 주어진
원과 같은 넓이의 정사각형을 작도하라는 이 문제는 원주율의 제
곱근을 그릴 수 있는가 하는 문제이다. 1882년 페르디난트 폰 린
데만(1852~1939)은 이 수가 절대로 (A)와 (B)의 반복으로는 얻을
수 없음을 보였고 세 번째 작도 문제를 해결하였다.

기하에서 대수로

 그렇다면, 19세기 수학에서는 도대체 어떤 사건이 있었던 것일까? 2천 년이란 긴 시간 속에서 난공불락의 수수께끼로 남아 있던 작도 문제를 사람들은 왜 새로운 관점으로 바라보게 되었을까?

 관점의 차이가 있을 수는 있겠지만, 대부분의 수학자는 이 사건을 갑작스러운 변화보다는 꾸준한 축적의 결실로 생각할 것이다. 기하학에서는 톨레미, 파푸스, 유클리드 등 그리스 학자의 위대한 전통이 있었고, 수를 다루는 대수학에서는 인도, 아랍의 깊이 있는 연구가 서구 문명의 교류 속에 발전하였다. 좌표를 고안한 데카르트 이후 기하학의 문제는 수학적으로 방정식의 문제와 다름 없음이 알려졌다. 특히 중요한 수학사적 사건은 19세기 초 닐스 헨리크 아벨(1802~1829)과 에바리스트 갈루아(1811~1832)의 발견이었다.

닐스 헨리크 아벨

에바리스트 갈루아

노르웨이 출신의 아벨은 19세기 초 5차방정식 근의 공식을 연구하였다. 우리가 중학교 때 배우듯이 모든 이차방정식은 근의 공식으로 그 해를 구할 수 있다. 중세 시대 사람들은 3차와 4차 방정식의 경우에도 그 근의 공식을 찾아내었다. 자연스럽게 5차방정식에서 근의 공식을 찾는 것은 실용적으로나 학문적으로나 19세기 당시 가장 중요한 수학 문제였다. 그리고, 아벨은 대부분의 5차방정식에서 근의 공식을 만들 수 없음을 증명하였다.

아벨은 나아가 타원곡선, 적분방정식, 무한급수 등 다양한 영역에서 선구자적인 연구를 하여 오늘날의 수학자에게까지 생각할 거리를 풍부하게 전해 주었다. 안타깝게도 그는 생활고에 시달리다 베를린대학 교수 임용을 이틀 남기고 27살의 젊은 나이에 결핵으로 죽게 된다. 그의 업적을 기리는 의미에서 2002년 제정된 아벨상은 수학자가 받을 수 있는 최고의 영예이다.

한편 프랑스 출신의 갈루아는 더 어린 나이에 불멸의 업적을 남긴 수학자이다. 프랑스 고등사범학교에 17살로 입학한 갈루아는 19살이 되던 1830년 근의 공식으로 풀 수 있는 모든 방정식을 분류하여 논문으로 발표한다. 또한 같은 해 갈루아는 아벨의 영향을 받아, 방정식의 해들이 어떤 엄밀한 대칭성을 가지고 등장한다는 **갈루아 이론**을 발표한다. 예를 들어 이차방정식 $x^2 - 2x - 1 = 0$의 해는 $1 + \sqrt{2}$, $1 - \sqrt{2}$로 두 개인데 이는 (유리수)+(무리수), (유리수)-(무리수)라는 대칭적인 모습을 가지고 있다.

갈루아 이론의 핵심은 **체**(field)라고 불리는 수의 집합을 연구하는 것이다. 작도 가능수의 집합처럼, 체란 그 안에서 덧셈, 뺄셈, 곱셈, 나눗셈을 할 수 있는 수의 모임을 말한다. 이러한 체는 그냥 수들의 집합처럼 보이지만 그 안에 수많은 구조와 관계를 가지고 있다. 체 속에 있는 더 작은 체를 모두 분류할 수도 있고, 그 작은 체들은 서로 대칭적인 모양을 가지기도 한다. 비유하자면, 체라는 수학적인 대상은 마치 거미줄이나 금속의 결정처럼 예쁘고 강력한 구조를 이루고 있고, 체에 대한 많은 질문은 이러한 구조의 모양을 알아냄으로써 해결할 수 있다.

예를 들어, 3대 작도가 불가능하다는 것은 작도 가능수가 이루는 체 X에 어떤 특정한 수들이 포함되지 않는다는 것이다. 방첼의 이 결과는 그 역사적인 중요성에도 불구하고 학계에 널리 알려지지는 못하였다. 그 증명의 아이디어가 아벨과 갈루아의 업적과 많이 겹쳤던 것도 한 이유가 아닐까 추정한다.

갈루아 역시 21살의 나이에 너무나도 안타까운 죽음을 맞게 된다. 그다지 석연치 않은 결투 중에 죽게 된 것인데, 그는 자신의 죽음을 예견한 듯 결투 며칠 전 놀라운 수학적 발견으로 가득한 '갈루아의 편지'를 작성한다. 20세기 최고의 수학자 중 하나이며 상대성 이론의 수학적 기반을 마련한 헤르만 바일(1885~1955)은 이

갈루아의 편지를 일컬어 "그 참신함과 심오함에 있어 인류 문명의 모든 저작물 중 가장 중요한 것"이라 표현하였다. 갈루아 스스로도 그 편지에서 "언젠가 누군가는 (나의) 이 난장판을 해독해 주었으면 좋겠어"라고 적어 두었다. 그리고 그의 체 이론은 차츰, 그리고 확고하게, 추상대수학의 가장 중요한 분야로 발전하게 되었다.

불가능을 수학으로 이해하기

수학자들은 종종 무언가가 불가능하다는 것을 보이려고 오랜 시간 고뇌에 빠지곤 한다. 완전한 수학 체계는 있을 수 없다는 결과(5장)나 평행선 공리는 증명할 수 없다는 결과(10장) 모두 수 세기에 걸친 노력과 시행착오의 결실이다.

3대 작도가 불가능함을 보이는 문제도 마찬가지이다. 고대 그리스 시절부터 내려온 이 문제는 수많은 사람들의 땀과 눈물, 실패와 좌절을 통해 차츰 그 윤곽을 잡아 가기 시작했고 2천여 년이 지난 19세기, '수의 구조'라는 혁명적인 관점을 통하여 마침내 해결되었다.

작도 문제의 해결도 중요하지만, 그로 인하여 사람들은 수학을 바라보는 새로운 눈을 얻게 되었다. 수를 단순한 계산의 대상으로 보는 데에 그치지 않고, 수와 수 사이의 구조, 모양을 연구하는 학문이 탄생한 것이다. 이 학문을 추상대수학, 혹은 현대 대수학이라 부른다. 5차방정식 근의 공식이 존재하지 않는다는 아벨의 결과도 동시대에 발표되었는데, 이 역시 추상대수학의 탄생에 맞물려 일어난 일이다. 불과 스무 살 안팎의 아벨과 갈루아가 수의 바다 속에서 꿈꾸었던 상상, 추상대수학이 이제는 현대 수학을 지탱하는 기둥이 되었다.

각의 삼등분가를 만나게 된다면

지금도 각의 삼등분이 불가능하다는 정리는 괴델의 정리만큼이나 많은 오해를 불러일으키고는 한다. 엄밀한 수학적 논증의 결과인데도, 이를 인정하지 않고 "불가능은 없다"라는 단순한 신념으로 틀린 증명을 발표하는 사람들이 지난 2천여 년간 끊이지 않았다.

이렇게 각의 삼등분이 가능하다고 주장하는 사람들은 역사적으로 '**각의 삼등분가**(angle trisector)'라 불려 왔다. 대부분 이들은 (작업 1), (작업 2), (작업 3)으로만 한정된 작도 게임의 규칙을 오해하고 있거나, 혹은 이 문제가 결국 수학 문제라는 것을 이해하고 있지 못하다. 그들은 대개 다음 둘 중 하나에 동의하지 않는다.

1. 각의 삼등분 문제는 기호와 논리만으로 표현할 수 있는 순전한 수학의 문제이다. (작도의 정의)
2. 20도의 코사인 값은 작도 가능수가 아니다. (방첼의 정리)

이 두 가지 중 하나라도 부정하는 각의 삼등분가를 만나면 사실 논리적으로는 아무 이야기도 나눌 수 없다. 각의 삼등분이 불가능하다는 것은, 마치 "홀수와 홀수의 합은 짝수가 된다"나 "1 + 3 = 4"처럼 완벽하게 참인 수학 명제이다. 수백 년에 걸쳐 검증되고 세련되어진 수학을 이해하지 못하면서 자신의 논리만 내세우면 무슨 대화가 가능하겠는가. 하지만 지금도 삼등분가들은 종종 수학자들을 찾아가곤 한다. 자신만의 논리를 집요하게 주장하면서 또 다른 형태의 고뇌를 수학자에게 맛보여 준다.

이들의 자세는 결코 올바르지 않다. 다른 사람의 논리적인 증명을 이해하려 하지 않으면서 자신의 "증명"을 남에게 읽으라고 강요하는 것이기 때문이다. 논리적으로 틀린 증명을 읽으며 허비하기에 우리에게 시간은 너무나도 귀하다.

언더우드 두들리라는 수학자는 「각의 삼등분가를 대하는 법」이라는 글을 쓰기도 하였다. 그에 따르면 가장 잘못된 대응은 삼등분가의 오류를 찾아 지적하는 것이다. 삼등분가는 그 오류만을 수정하여 훨씬 더 긴 증명을 들고 올 것이다. 또 다른 실수는 방첼의 증명을 이해하라고 조언하는 것이다. 삼등분가는 방첼의 오류를 찾았다면서 다시 더욱 긴 증명을 들고 온다.

좋은 대응은 '근사적인 삼등분'에 성공한 것을 지적하면서, 또한 축하해 주라는 것이다. 그래도 수긍하지 않는다면 두들리는 냉혹하게 외면하라고 조언한다. 어쩌면 삼등분가는 그 수학자를, 수학자 전부를 미워하게 될지도 모르지만. 이제는 경제학자, 물리학자, 신학자를 괴롭히러 갈 것이라며 두들리는 위트 있는 조언을 마무리한다.

2천 년 동안의 불편함, 평행선 공리

: 비유클리드 기하학의 탄생

빛과 직선

직선이란 무엇일까?

운동장 위의 두 지점을 생각해 보자. 여기에서 저기까지 가장 빨리 뛰어가려면 어떻게 해야 할까? 바로 직선을 따라가야 한다. 이렇게 직선이란, 두 점 사이의 거리를 가장 짧게 이어 주는 경로이다.

무언가를 직선으로 정렬하고 싶을 때, 우리의 눈은 매우 정밀한 자의 역할을 한다. 연병장의 병사들이나, 길의 가로수가 일렬로 잘 맞춰져 있나 확인하려면 한쪽 눈을 감고 그들이 겹쳐 보이는지 확인해 보면 된다.

한쪽 눈을 감은 채 한번 먼 풍경을 바라보자. 그리고 손가락으

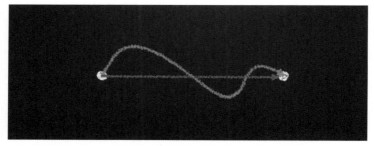

직선을 따라 달리는 것이 가장 빠르다

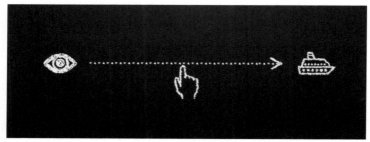

우리의 시선은 직진한다.

로 먼 곳의 한 점을 가려 보자. 그러면 눈동자와, 손가락과, 그 점
은 모두 하나의 직선을 이룬다. 이렇게 지구에서 빛이 직진하는 것
은 우연일까?

　우주에서는 어떨까? 다음 사진은 허블망원경이 찍은 두 은하의
모습이다. 가운데의 밝은 점은 LRG 3-757이라 불리는 붉은 은하
이고 우리에게서 50억 광년 떨어져 있다. 즉, 빛의 속도로 움직여
50억 년이 걸리는 거리에 있는 것이다. 붉은 은하를 둘러싼 푸른

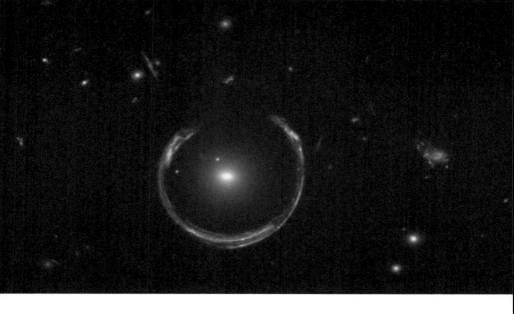

고리는 100억 광년 떨어져 있는 푸른 은하이다. 우주의 역사를 대략 138억 년 정도로 추정하니 저 푸른 은하는 우주가 38억 살일 때의 젊은 시절 모습이다.

왜 멀리 떨어진 푸른 은하는 점이 아니라 고리처럼 보일까? 붉은 은하의 중력이 빛을 휘게 하기 때문이다. 마치 멀리 있는 풍경을 볼록렌즈로 바라보았을 때처럼, 푸른 은하에서 여러 방향으로 나온 빛이 붉은 은하를 통과하면서 우리를 향해 모아진 것이다.

아인슈타인은 상대성이론으로 이런 현상을 1912년에 예측하였다. 하지만 이러한 **아인슈타인 고리**를 우주에서 관측하기까지는 약 70년의 시간이 더 흘러야 하였다. 중력의 영향은 이렇게 말발굽처럼 나타나기도 하고, 같은 은하가 마치 두 개인 것처럼 보이게 하

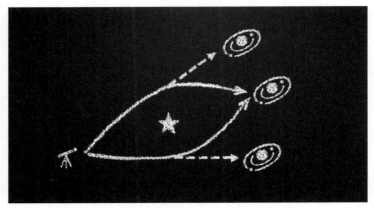
중력은 하나의 은하를 두 개처럼 보이게 하기도 한다.

기도 한다.

　그렇다면 우주에서 빛의 경로는 더 이상 직선이 아닌 걸까? 아무런 기준점도 없는 진공의 우주에서 무언가가 직선인지 아닌지를 따지는 것이 의미가 있을까?

　오랜 시행착오와 사색 끝에 물리학자들은 **빛의 경로가 직선의 정의 자체**라는 결론에 이르렀다. 이렇게 정의하면 거리란 빛의 두 점 사이를 움직이는 데 걸리는 시간(예를 들면, 50억 광년, 100억 광년)이 되고, 이렇게 정의된 거리는 여러 물리법칙에 잘 부합된다. 사실 우리 지구에서도 한국과 아르헨티나 사이의 '거리'는 지구핵을 뚫고 간 직선 거리가 아니라 지구 표면을 따라 움직이는 거리를 말하지 않은가. 이와 비슷한 이치이다.

이렇게 생각하면 중력은 빛의 경로를 곡선으로 만드는 것이 아니다. 빛이 곧 직선이고, 중력이 그 직선을 요리조리 움직일 뿐이다. 여전히, 두 점 사이를 잇는 길은 '직선'을 따라가는 것이 가장 짧다.

하지만 그러한 우주에는 신기한 일들이 생긴다. 직선이 마치 렌즈를 통과한 것처럼 한 점에서 모이는 일도 생기고, 반대로 벌어지는 일도 생긴다. 중력이 우주를 휘게 한 것이다.

유클리드의 기하학

인류가 휘어 있는 우주를 발견한 것은, 역설적으로 곧은 우주에 대한 철저한 이해 덕분이었다.

유클리드는 기원전 3세기 그리스의 알렉산드리아에서 활동한 수학자이다. 그는 당시 수많은 수학적 지식의 편린들을 하나의 엄밀한 수학 체계로 묶어 『원론』이란 책으로 만들었다. 현재까지도 기하학 분야 교재로 사용되는 이 책은 활자의 발명 이후 『성경』 다음으로 많이 인쇄된 책으로 여겨진다.

『원론』의 혁신적인 내용은 수학이라는 방대한 지식 체계를 단 다섯 개의 **공리**(axiom)로부터 논리적으로 유도할 수 있다는 것이다. 공리라는 것은 우리가 5장에서 보았듯이 증명 없이 받아들이기로 하는 명제이다.

　바빌로니아, 이집트 등 여러 지역에서도 수학적 지식은 이미 많이 쌓여 가고 있었다. 제곱근, 피타고라스의 정리, 원주율의 값 등. 하지만 이 모든 것의 본질이 바로 논리적인 엄밀함(rigor)이라는 것은 정말 충격적인 유클리드의 발견이었다. 이를 위하여 유클리드가 얼마나 많은 노력과 실패를 거듭했을지는 충분히 상상해 볼 수 있다.

　단순함과 보편성을 동시에 지닌 이론은 과학사에서도 극히 드물다. 17세기에 아이작 뉴턴이 하늘과 땅의 물체를 동시에 설명하는 물리학을 발견했을 때에도, 유클리드의 영향이 컸다고 한다.

컴퍼스로 작도하고 있는 유클리드. 라파엘로의 〈아테네 학파〉 일부.

　유클리드의 이론은 먼저 간단한 23개의 용어를 정의하는 것으로 시작한다. 점, 선분, 평면, 직각, 원, 평행과 같은. 모두 기하학이라는 거대한 이야기의 주인공들이다.

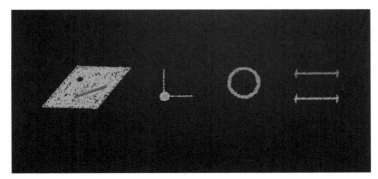

점, 선분, 평면, 직각, 원, 평행

다음 단계는 다섯 개의 공리를 제시한다. 이는 앞으로 증명 없이 받아들이기로 하는 가설이다. 예를 들어, 제1 공리는 아래와 같다.

두 점 사이를 잇는 선분은 유일하게 존재한다.

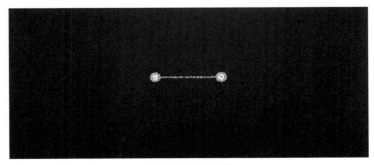

유클리드의 제1 공리

이는 '점'과 '선분' 사이의 관계를 설명하는 공리이다. 마치 주인 공들 사이의 가족 관계처럼. 제2, 3, 4 공리도 마찬가지로 용어 사이의 관계를 설명한다.

제5 공리는 조금 결이 다르다. 『원론』에 나오는 서술은 조금 복잡하지만, 간단하게 다시 쓰자면 이런 내용이다.

직선과 점이 있으면, 그 점을 지나는 평행선이 유일하게 존재한다.

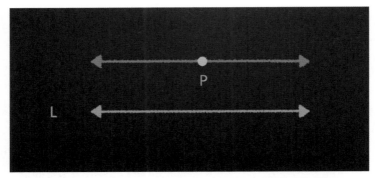

직선 L과 점 P가 주어지면, 그 점을 지나는 평행선이 유일하게 존재한다.

평행선 공리라고도 불리는 유클리드의 제5 공리는 사람들을 골 몰한 생각에 빠지게 하였다. 앞선 네 공리에서 용어 사이의 관계만을 말하던 유클리드가 갑자기 새로운 수학적 사실을 증명 없이 받아들이라 이야기하기 때문이다. 사실, 평행선 공리는 우리와 친숙한 다음 명제와도 수학적으로 동일하다.

삼각형의 내각의 합은 180도이다.

추측건대, 유클리드 역시 마찬가지였을 것이다. 아마도 처음에는 평행선 공리를 증명하려 노력했을 것이고, 실패했을 것이다. 보통 사람과 다른 점이 있다면, 그 공리를 증명 없이 받아들임으로써 무려 13권에 달하는 방대한 수학 체계,『원론』을 만들어 내었다는 것.

대부분의 사람들은 이 공리를 의심 없이 받아들였다. 당연해 보이고, 이것만 가정하면『원론』이라는 이론을 엄밀하게 만들어 주니까. 하지만 이 당연한 문제에 약간의 불편함을 가진 사람들이 있었다.

우리들이 수학책을 읽을 때에도 모든 내용을 완전하게 이해하기는 힘들다. 아주 열심히 공부하여 95퍼센트를 이해한다 해도 마지막의 5퍼센트는 대략만 읽어 보고 "이 정도면 됐지" 하면서 넘기곤 한다. 하지만 바꾸어 생각하면 우리에게 정말 필요한 내용은 마지막 5퍼센트에 오롯이 들어 있다. 앞의 95퍼센트는 우리가 이미 알고 있었거나, 아니면 조금만 노력해도 알 수 있는 내용이다. 우리를 좀더 나은 우리로 바꾸어 줄 수 있는 것은 나머지 5퍼센트가 아닐까?

유클리드의 평행선 공리에 대한 질문도 마찬가지였다. 이런 사소해 보이는 불편함에 아주 오랫동안 매달린 몇몇 사람들의 공로로 기하학은 혁명을 맞게 된다.

2천 년의 수수께끼

유클리드의 『원론』이 2천여 년 동안 기하학 교재로 쓰이면서 평행선 공리도 많은 관심을 받았다. 후세 사람들의 발견에 따르면, 평행선 공리는 다음의 '당연한' 명제와 수학적으로 같다.

직사각형은 적어도 하나 존재한다.

그러니까, 정사각형이건 납작한 사각형이건 모든 각이 90도인 사각형이 적어도 하나는 있다는 것이다. 너무 당연하지 않은가? 또 다른 동일한 명제는 아래와 같다.

삼각형의 넓이에는 한계가 없다.

이 역시 너무 당연하게 들린다. 어떻게 삼각형의 넓이에 한계가

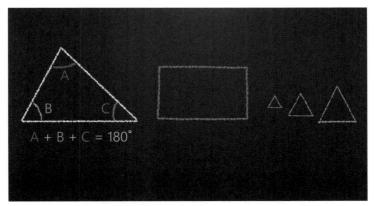

평행선 공리와 수학적으로 동일한 명제들

있을 수 있는가. 넓이가 100만 제곱미터인 삼각형이 있다면, 모든 변을 두 배로 만들어 넓이를 400만 제곱미터가 되게 할 수 있지 않은가. 이 사실이 틀렸다면 부동산 시장은 혼란에 빠질 것이다.

이 외에도 평행선 공리와 수학적으로 같은 주장이 많이 있다. 대부분 역사적으로 평행선 공리의 '증명'이라 주장되었던 것들이다. "유클리드의 네 개의 공리와, 이렇게 당연한 것 하나만 가정하면 평행선 공리를 증명할 수 있다"라고 하지만 그 '당연한 것'이 알고 보면 모두 평행선 공리 자체와 동일한 내용이었다.

또 다른 사람들은 평행선 공리를 부정하기 위하여 노력하였다. 이는 좀더 암울해 보였는데, 어떤 삼각형 내각의 합은 180도보다 작다는 허무맹랑한 사실을 증명해야 하기 때문이다.

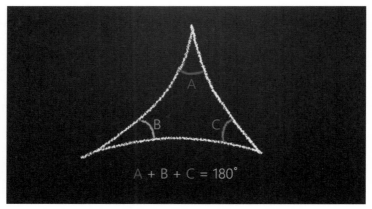

$$A + B + C = 180°$$

삼각형 내각의 합이 180도보다 작을 수 있을까?

이 문제는 오랜 시간 동안 수많은 사람들을 매혹했고 또 좌절하게 하였다. 많은 수학 문제들은 그래도 오랜 노력을 기울이고 나면 무언가 새로 알게 되는 것이 있는데, 이 문제는 달랐다. 유클리드 이후 최고의 수학자들이 노력하였으나 돌아온 것은 처절한 실패 뿐이었고 새롭게 알게 된 것은 없었다.

그러던 중 하나의 놀라운 생각이 19세기의 헝가리에서 시작되었다. 21살에 불과한 젊은 수학자 야노시 보여이(1802~1860)가 유클리드의 공리를 아주 조금 변형하자 삼각형 내각의 합이 언제나 180도보다 작은 기하학을 만들 수 있었던 것이다. 2천여 년의 수수께끼를 해결하고, **쌍곡기하**라 불리는 현대 기하학의 창시자가 된 순간이었다.

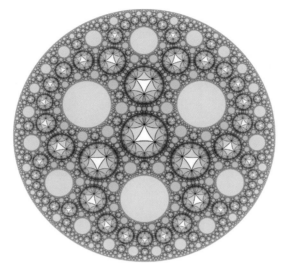

보여이가 찾아낸 쌍곡기하. 그림은 로이스 렐슨과 헨리 세게르만의 작업

쌍곡기하의 발견

　평행선 공리가 성립하는 기하학적 공간을 우리는 **유클리드 기하학**이라 부르고, 그렇지 않은 체계를 **비유클리드 기하학**이라 부른다. 비유클리드 기하학 중에서도 보여이의 우주는 **쌍곡기하**라 불린다. 같은 시기 가우스와 니콜라이 로바쳅스키(1792~1856)도 비슷한 공간을 발견하였다.

　유클리드 기하학은 끝없이 펼쳐진 평면 위에서 일어나는 일을

쌍곡기하의 창시자들. 보여이(좌), 가우스(중), 로바쳅스키(우)

다룬다. 우리가 학교에서 배웠듯이 삼각형 내각의 합은 180도이다. 정사각형의 한 각은 90도다. 현대 위상수학의 창시자인 앙리 푸앵카레의 설명에 따르면 쌍곡기하에서 다루는 공간은 반지름이 1인 원 내부이다. 여기에서 일어나는 일은 유클리드 기하학과 전혀 딴판이다.

  M. C. 에셔(1898~1972)라는 화가는 쌍곡평면을 형상화한 그림을 그렸는데, 이 그림에는 무한히 많은 천사와 악마가 등장한다. 유한한 듯해 보이는 이 원은 사실 무한한 크기의 공간이다. 거리를 빛이 지나가는 시간으로 생각한다면, 원판의 가장자리에 가까워질수록 빛이 천천히 가는 세계라 상상하면 된다. 마찬가지로 모든 천사와, 악마는 같은 크기이다. 가장자리에서 천사와 악마가 점점 작아지는 것처럼 보이는 것은 단지 원근법 때문이다. 쌍곡평면의 밖

M. C. 에셔, 〈천사와 악마〉

에서 우리가 바라보는 풍경은 그림과 같지만, 실제로 그 세상 속에 우리가 들어가 본다면 동일한 크기의 천사와 악마를 반복해서 찾아볼 수 있을 것이다.

푸앵카레에 따르면, 이러한 쌍곡평면의 세상에서 **측지선**, 즉 빛의 경로는 두 종류가 있다. 첫째 경로는 원의 중심을 지나는 직선이다. 다음에 볼 그림에서 직선 1로 표시되어 있다. 우리의 눈에는 지름으로 보이지만, 역시 그 세상에서는 무한하게 뻗어나가는 직선이다. 가장자리로 갈수록 빛이 매우 매우 느려지기 때문에 거리도 무한한 것이다.

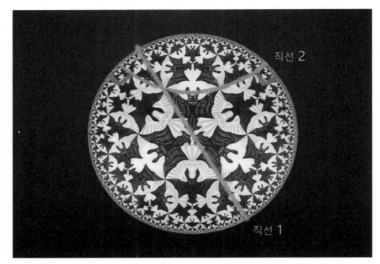

직선 2

직선 1

두 종류의 빛

　두 번째 경로는 경계에서 원과 수직하게 만나는 원이다. 여기서 원과 원이 수직으로 만난다는 것은, 그 만나는 점을 매우 크게 확대해 보면 거의 90도로 만나는 두 선분처럼 보인다는 의미이다.

　에셔의 그림을 자세히 보면, 이러한 빛의 경로를 따라 천사와 악마 사이의 대칭성이 있다.

　다음에 그려진 측지선 중 어떤 것은 거울과 같은 대칭을 준다. 천사나 악마의 왼쪽과 오른쪽 사이를 가르는 경로인 것이다(노란 빛의 경로들). 어떤 것들은 천사와 악마를 거울의 반대쪽에 두기도 한다(파랗거나 보라색 빛의 경로들).

쌍곡평면의 대칭성

이제 이 장의 핵심을 이야기할 순서이다. 이러한 쌍곡평면에서 삼각형 내각의 합은 어떻게 될까? 그림에 a, b, c로 표시된 세 선분을 보자. 선분 a와 b가 만나는 점, 하트에는 동일한 삼각형 12개가 채워진다. 천사 셋, 악마 셋이 모여 있고, 이들이 각각 절반으로 나뉘기 때문이다. 마찬가지로 스페이드로 표시된 점에는 똑같은 크기의 각 4개가 모여 있고, 다이아몬드로 표시된 곳에는 8개가 모여 있다. 따라서 이 세 점으로 이루어진 삼각형의 세 각은 각각 $30 = 360/12, 90 = 360/4, 45 = 360/8$가 된다. $30 + 90 + 45 = 165$이므로 삼각형 세 각의 합이 180도보다 작은 세상이다!

휘어 있는 공간의 성질

우리가 방금 보았던 쌍곡평면이란 세상은 사실, 수많은 "휘어 있는" 공간 중의 하나일 뿐이다. 지난 세기 동안 수학자들은 이렇게 휘어 있는 공간을 연구하기 위하여 엄청나게 많은 개념과 테크닉을 개발하였다. 그중 가장 중요한 개념은 휨의 정도, 즉 곡률과 그 부호이다.

특히 휨의 부호는 공간의 모양을 크게 좌우하게 된다. 유클리드가 생각했던 공간은 휨의 정도가 0인 세상, 다시 말해 **평평한 공간**이다. 우리가 학교에서 배운 평면이 그 예인데, 삼각형 내각의 합이 항상 180도라는 특징이 있다.

공간의 휨은 **동반자 성질**을 통하여 알아낼 수도 있다. 아래 그림처럼, 평평한 공간의 두 사람(동반자)이 같은 점에서 출발하여 서로

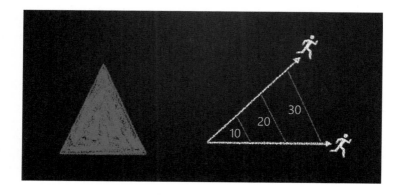

다른 방향을 향하여 달려간다고 하자. 둘 사이의 거리는 어떻게 될까? 1초 후 10미터가 벌어져 있었다면, 2초 후, 3초 후 둘 사이의 거리는 얼마일까? 아마 (아직 지치지 않았다면) 20미터, 30미터로 늘어날 것이다. 이렇게 시간에 비례하여 증가하는 것이 평평한 공간의 동반자 성질이다.

구면은 휨의 정도가 양수인 곳, 즉 **볼록한 공간**이다. 여기서 측지선은 여전히 두 점 사이의 거리를 최소로 하는 곡선을 말한다. 가장 좋은 예는 매일 공항에서 오르내리는 비행기의 경로이다. 효율적인 비행을 하기 위하여 비행기는 지구 위의 두 점을 잇는 가장 짧은 항로를 따라 날아가게 된다. **대권항로**라고도 불리는 이 항로는 지구 표면을 따라 두 점을 잇는 수많은 곡선 중에서 가장 짧은 것이다.

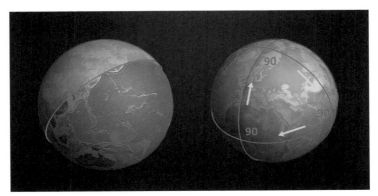

지구 표면에는 내각의 합이 270도인 삼각형이 있다.

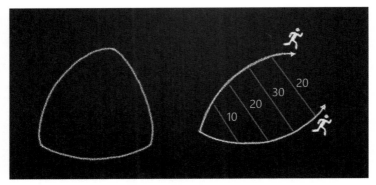

볼록한 공간의 삼각형과 동반자 성질

볼록한 공간의 경우 삼각형 내각의 합은 180도보다 커지게 된
다. 예를 들어, 적도에서 북극까지 움직이고, 90도 방향으로 바꾸
어 다시 적도까지 움직여서 얻어지는 삼각형은 위 그림에서 보듯
내각이 모두 90도이다. 즉, 앞에 보이는 삼각형의 내각의 합은 270
도이다!

볼록한 공간의 동반자 성질도 평평한 공간과는 완전히 다르다.
서로 다른 곳을 향해 달리는 두 사람의 거리는 멀어지다가 결국 다
시 가까워진다.

그렇다면 **오목한 공간**, 즉 휨의 정도가 음수인 곳은 어떨까? 이
러한 공간이 바로 보여이-로바쳅스키-가우스의 쌍곡평면이다. 이
러한 공간에서는 삼각형이 오목하여 내각의 합이 180도보다 작게
된다.

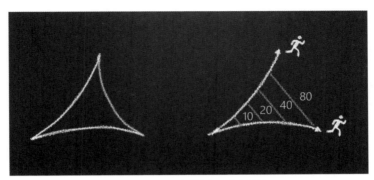

오목한 공간의 삼각형과 동반자 성질

오목한 공간의 동반자 성질은 어떻게 될까? 모든 도형이 오목함을 상기해 본다면, 서로 다른 방향으로 달리기 시작한 두 사람 사이의 거리는 평면보다 더 빨리 증가할 것이라 예상해 볼 수 있다. 실제로 계산해 보면 시간에 따라 10, 20, 40, 80, …과 같이 기하급수적으로 증가하게 된다.

현실만큼 아름다운 것은 없다

인류의 수학 문명사 거의 전부에 걸쳐서 우리가 생각하는 모든 공간은 올곧고 평평한 것이었다. 유클리드가 집대성한 기하학 체계에서 특히 분명하게 드러나던 이 상상은 아이러니하게도 유클리드의 평행선 공리로 인하여 균열이 생기기 시작하더니, 결국 보여이, 가우스, 로바쳅스키에 의하여 완전히 무너졌다. 리만에 의하여 체계화된 현대 기하학에 따르면 공간은 평평할 수도, 볼록할 수도, 오목할 수도 있다. 삼각형 내각의 합은 180도와 같을 수도, 더 클 수도, 더 작을 수도 있다.

놀라운 것은 이렇게 마련된 기하학이 바로 다음 세기에 들어 상대성이론의 기반이 되어 주었다는 것이다. 실제로 우주에 있는 수많은 무거운 물질은 빛과 측지선을 움직여 공간의 이곳 저곳을 휘게 만든다. 우주의 아주 먼 세 곳을 이어 만든 삼각형 내각의 합이 정확하게 180도가 되는 일은 거의 없다.

사소하지만 오랫동안 남아 있던 인류의 호기심, 유클리드의 평행선 공리 문제는 리만 기하학을 탄생하게 하였다. 모양에 대한 인간의 상상에 자유의 날개가 생긴 것이다. 수학자의 꿈에 불과하던 이 이론은 이제 우주를 이해하는 데에 필수적인 도구가 되었다. 우주 전체로 보면 작디 작은 크기의 지구에 갇힌 인류가 수학의 눈으로 우주의 탄생과 운동을 바라보는 것이다. 헤르만 민코프스키는 상대성이론의 수학적 기초 마련에 기여한 또 다른 위대한 기하학자이다. 그가 남긴 아래의 말도 이런 수학적 상상의 위대함에 대한 경이의 표현이 아닐까.

현실보다 아름다운 것은 없다.

가우스와 팔카스 보여이(1775~1856)는 유클리드의 평행선 공리가 성립하지 않으면서도 논리적으로 모순이 없는 기하학의 존재에 대해 함께 연구했었다. 2천여 년 동안 수학자들을 궁금하게 했던 이 미해결 문제에 대해서, 가우스와 보여이 모두 연구를 완성하지 못한다. 신동으로 불리며 자라온 아들 야노스 보여이가 이 문제에 관심을 보이자, 아버지 팔카스 보여이는 18살의 아들에게 충고한다.

> 아들아, 나는 이런 연구가 어떻게 끝나는지 잘 안다. 이 문제에 빠져 보낸 심연의 밤들은 내 삶에서 기쁨과 빛을 앗아갔지. 너 역시 즐거움이나 건강, 마음의 평안과 삶의 모든 행복을 빼앗길지 모른다. 그 심연의 끝은 인간이 다가갈 수 있는 곳이 아니란다. 그걸 겨우 깨닫고 나서야 나는 깊은 상처들을 껴안은 채 돌아설 수 있었다. 나를 포함한 모든 인류가 가진 그 한계가 처량해 보일 뿐이다. 나와 같은 실수를 하지는 말아다오.
> 제발 그만 좀 멈춰다오. 그 연구는 퇴폐적인 욕망보다도 무서운 것이다. 마치 욕망처럼, 너의 모든 시간을 잡아먹고 너의 건강과 행복, 마음의 평안까지도 다 앗아갈 테니까.

하지만 아들은 아버지의 충고를 무시했고, 연구에 전념하였다. 그리고 3년이 지나 아버지에게 가슴 벅찬 편지를 보낸다.

아버지, 저는 아무 것도 없던 곳에서 신기하고 새로운 우주를 만들어 내었습니다!(1823)

아버지의 반대를 무릅쓰고 야노시는 연구를 완성하였고, 가우스, 로바쳅스키와 함께 쌍곡기하학을 창시한 세 명 중 하나로 역사에 남게 된다.

우주에 끝이 있을까?

: 마음의 눈으로 떠나는 여행

공간의 탄생

볼 수 없던 것들을 보게 되자 나는 어지럽고 메스꺼웠다. 직선이 아닌 직선, 공간이 아닌 공간이었다. 내가 아닌 것 같은 나 자신이 느껴졌다. 마침내 그의 목소리가 들려오자 나는 괴로움으로 울부짖었다.

- 내가 미친 건가요? 아니면 여기가 지옥인가요?
- 둘 다 아닙니다.

구면의 차분한 대답이 돌아왔다.

- 이것이 지식입니다. 그리고, 3차원 공간입니다.

– 에드윈 애벗, 『평평한 땅(Flatland)』 중에서

허블망원경으로 바라본 우주

누구나 한번쯤은 밤하늘의 별을 경이의 눈으로 바라본 적이 있을 것이다. 만져 볼 수도 없고 아마 영원히 가 보지도 못하겠지만, 언제나 하늘에서 쏟아질 듯이 반짝이는 별들.

이때 우리의 마음은 궁금증으로 벅차오르고는 한다. 별은 얼마나 많을까. 그 별 너머에는 무엇이 있을까. 우주의 끝이 있을까, 거기에 다가갈 수 있을까. 거대한 우주 속에서 우리의 의미는 무엇일까. 우주의 소멸이 오면 우리는 어떻게 되는 것일까. 문학가, 미술가, 음악가, 철학자, 과학자… 모두 나름의 형태로 우주에 대한 이러한 경외감을 표현하고는 한다.

수학자도 예외는 아니었다. 우주를 우주이게 하는 수학적인 특

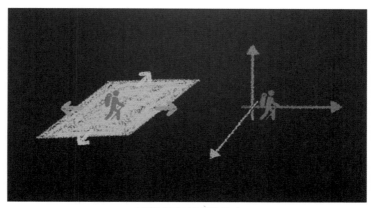
2차원 공간과 3차원 공간

성은 무엇일까. 우주의 모양은 무엇일까. 이에 대한 수많은 고찰과
연구가 이어졌고, 그 결과 수학자들은 **공간**이라는 매우 중요한 개
념을 탄생시켰다.

　우리가 살고 있는 우주를 생각해 보자. 별과 블랙홀과 행성과 시
간과 빛 등 모든 물리학적인 대상을 잠시 잊고, 가장 근본적인 공간,
즉 진공 상태만 남겨 둔다면 우리는 무슨 이야기를 할 수 있을까?

　가장 기초적인 특징은 우리가 세 개의 독립적인 방향으로 움직
일 수 있다는 것이다. 전후, 좌우, 위아래처럼 세 개의 축이 있고,
다른 모든 방향으로의 움직임은 이 세 개의 방향을 적절히 조합해
서 얻을 수 있다. 이렇게 세 개의 독립적인 방향으로 움직일 수 있
는 공간을 **3차원 공간**이라고 부른다.

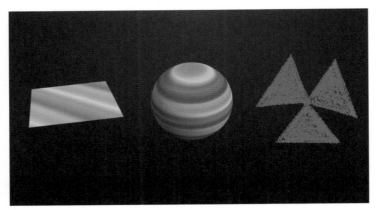

두 개의 2차원 공간과, 2차원 공간이 아닌 것

　마찬가지로 **2차원 공간**의 경우는 두 개의 독립적인 방향을 가지게 된다. 전후와 좌우. 여기서 주의할 것은 두 개의 방향이라는 말의 의미이다. 이는 가까운 근방이 평면처럼 생겨서 두 개의 방향으로 움직일 수 있다는 뜻이지, 그 두 방향으로 언제까지나 독립적으로 멀어질 수 있다는 의미가 아니다.

　예를 들어, 위의 첫 두 그림처럼 무한히 뻗어나가는 평면과 동그란 구면 모두 2차원 공간의 예이다. 각 점에서 두 개의 독립적인 방향으로 움직여 나갈 수 있으므로. 하지만 구면의 경우 그렇게 독립적으로 출발한 두 사람도 언젠가는 한 점에서 다시 만나게 된다. 그래도 여전히, 우리는 구면을 2차원 공간이라 부른다. 공간이란 아주 가까운 근방이 어떻게 생겼는지만을 따지는 개념이다.

세 번째 그림은 어떤가. 빨갛게 표현된 점 근방은 전후, 좌우가 잘 정의되지 않는다. 게다가 움직이고 싶어도 움직이지 못하는 방향도 많다. 세 번째 그림은 2차원 공간이 아니다.

3차원 공간의 경우도 마찬가지이다. 흔히 3차원 공간이라 하면 유클리드 시절부터 생각하던 입체 공간을 상상하고는 한다. 세 개의 독립적인 방향으로 무한히 뻗어나가는 공간. 하지만 수학자들은 마치 2차원에서 구면을 찾아낸 것처럼 굳이 무한히 뻗어나가지 못하더라도 근방에서 전후, 좌우, 상하의 개념이 잘 정의되는 수많은 3차원 공간을 찾아내었다.

우주에 끝이 있을까

현대 물리학은 여러 가지 이론과 관측을 통하여 아마도 우주는 유한할 것이라는 예측을 하고 있다. 그렇다면 그 끝은 어떻게 생겼을까? 그리고 그 바깥에는 무엇이 있을까?

이 질문에는 모순이 있다. 우주는 존재하는 모든 것을 전부 포함하는 개념이기 때문이다. 그 바깥에 무엇이 있다면 그 또한 우주이다. 그렇다면, 우주가 유한하다는 것이 가능하기나 할까?

사실 이 질문은 지구의 모양을 궁금해하던 기원전 인류의 궁금증과도 닮아 있다. 재미있게도 대부분의 신화와 전설 역시 지구를 유한한 모습으로 그리고 있다. 당시의 생각에도 세상이 무한하게 크다는 것이 오히려 더 불합리하게 보였던 모양이다. 바다 위를 떠다니는 평평한 대륙의 모양이 지구의 모습으로 받아들여지곤 했고, 그 끝은 폭포나 낭떠러지나 혹은 신의 현신으로 생각되기도 하였다.

이러한 믿음은 에라토스테네스(1장에서 소수를 효과적으로 찾아내던 그분)를 위시한 고대 그리스 과학자의 노력으로 바로잡아지게

기원전 6세기의 그리스 철학자 아낙시만드로스가 상상했던 지구의 모양.
평평한 지구를 둥그런 바다가 감싸고 있다.

되었다. 태양의 빛과 그림자에 대한 여러 가지 계산을 통하여 지구의 모양은 둥그런 구면이라는 것을 기원전부터 인류는 알게 되었다. 그리고 이렇게 둥그런 지구를 따라 콜럼버스와 마젤란은 15, 16세기에 지구를 일주하기에 이른다.

우리가 살고 걷고 집을 짓는 이 평평한 땅. 이 세상이 유한하면서도 끝이 없이 연결되어 있을 수 있다는 것을 과학자들은 발견한 것이다. 아주 가까이에서는 전후 좌우로 자유롭게 움직일 수 있어서 지구가 마치 평평한 땅처럼 생각되지만, 아주 멀리서 바라보면 둥그런 땅이다.

우리가 우주의 끝을 상상하는 것은 사실 에라토스테네스 이전의 사람들이 지구의 끝을 상상하는 것처럼 초보적인 실수일지도 모른다. 공간은 유한하면서도 경계가 없이 연결되어 있을 수 있기 때문이다.

정말 그럴까? 그렇다면 그러한 공간은 어떻게 생겼을까?

세상이 2차원이라면

먼저, 2차원 공간의 모양은 무엇일까. 이 질문을 수학자 제프리 윅스(1956~)의 책 『공간의 모양』에서 소개한 방법으로 한번 상상

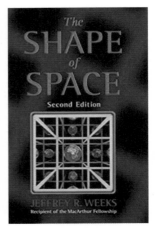

에드 윈 애벗, 『평평한 땅』　　　　　제프리 윅스, 『공간의 모양』

해 보자. 이 방법은 19세기의 풍자소설 『평평한 땅』의 주인공이 되어 세상을 관찰하는 것이다(소설의 설정을 사용하지만 그 내용은 다르다).

　이 책의 배경과 등장인물 **평평인**은 완전하게 2차원적인 대상이다. 쉽게 말해, 종이에 사는 벌레를 상상해 보자. 종이의 앞면과 뒷면 사이의 틈에 살아서, 높이 없이 가로와 세로만 있는 벌레라 상상하는 것이 조금 더 정확하다. 이 평평인은 자신의 세상을 자유롭게 누빌 수 있는데, 그 세상에서는 앞뒤와 왼쪽, 오른쪽이 있을 뿐 아래위는 아예 그 개념조차 없다. 사실, 이 풍자소설의 등장인물들은 다각형과 같은 도형이고, 신분의 높낮이에 따라 삼각형일 수도 있고 오각형일 수도 있다.

이 평평인이 세상의 모양을 궁금해하기 시작하였다. 역사적으로 대부분의 평평인은 세상이 평평할 것이라 예상하였고, 그 세상의 이름조차도 **평평한 땅**이었다. 그 세상의 끝에는 낭떠러지나 물이 있을 것이라 생각하였다. 마치 에라토스테네스 이전의 사람들처럼.

그런데 어느 날 똑똑한 평평인 하나가 신기한 가설을 제시한다.

> 우리가 사는 이 세상에 꼭 끝이 있을 필요는 없습니다. 같은 방향으로 계속 나아가다 보면 원래의 위치로 돌아오게 될 수도 있어요.

그리고 머지않아 누군가가 그 가설을 실험으로 검증하였다. 평평인 과학자들은 머리를 맞대고 이론을 세우기 시작하였다. 우리가 사는 이 세상이 혹시 2차원 구면인 것은 아닐까?

하지만 평평인에게는 2차원 구면을 상상하는 자체가 커다란 도전이었다. 평평한 땅에서는 절대 보이지 않는 모양이기 때문이다. 그들이 구면을 인식하는 방법은 먼저 다음 그림의 무지개처럼 단면에 해당하는 원을 많이 생각하는 것이다. 평평인도 원은 볼 수 있으므로.

2차원 구면. 각 점에서 전후와 좌우로 움직일 수 있다.

구면을 인식하는 더 정확한 방법은, 수학적인 표현을 찾는 것이다. 평평인은 3차원 공간에 살아 본 적이 없기에 시각을 이용하여 구면을 상상할 수는 없다. 하지만, 지능이 충분하다면 구면의 방정식을 써 보는 것은 가능하다. 수학은 그들에게도 보편적인 언어이기 때문이다.

껍데기 없이 유한한 공간

아마도 대부분의 독자는 3차원 세상에서 태어나 교육받으며 자라왔을 것이다. (만일 4차원 이상에서 왔다면 제보해 주기 바란다.) 그래

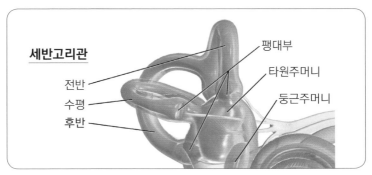

전반, 후반, 수평 고리관 안에 있는 림프액의 움직임을 통하여 각각 앞뒤, 좌우, 수평 방향의 회전을 감지할 수 있다. 3차원 공간에 특화된 초정밀 회전 센서이다. 비행기, 오토바이 등에도 모두 비슷한 장치가 있다.
[그림 출처: Blausen.com staff, "Medical gallery of Blausen Medical 2014", WikiJournal of Medicine 1(2).]

서 우리의 인지 체계는 이미 3차원에 특화되어 있다. 당장 우리의 귀를 보더라도 세반고리관이 세 개의 수직으로 만나는 평면 모양으로 되어 있어 전후, 좌우, 상하 세 방향의 세밀한 움직임을 측정하고 있다.

이런 이유로 우리는 2차원 구면을 쉽게 보고 또 상상할 수 있다. 축구공, 풍선, 알사탕처럼 구면의 모양을 가진 물체는 주위에도 아주 흔하다. 평평한 땅을 상상하는 것은 이렇게 우리 인식의 우월함을 느끼게 해 주곤 한다.

하지만 더 중요한 교훈은 우리의 인식에도 한계가 있다는 것이다. 평평인에게 2차원 구면을 상상하는 것이 큰 도전이듯이, 우리에게도 '3차원 구면'을 상상하는 것은 어려운 일이다. 에라토스테네스가 증명하고 콜럼버스와 마젤란이 다시 확인했듯이, 우리의 우주에서도 같은 방향으로 계속 나아가면 다시 우리의 위치로 돌아오는 것이 가능할까? 마치 구면처럼, 3차원 공간도 끝이 없지만 유한할 수 있을까? 만일 그런 공간이 있다면 얼마나 많을까?

간단하게 들리는 이 질문은 사실 지난 100여 년에 걸쳐 수많은 사람이 도전해 온 최고의 난제 중 하나이다. 20세기 초에 활동하던 앙리 푸앵카레, J. H. C. 화이트헤드(1904~1960. 5장에서 괴델에 대하여 다룰 때 이야기한 A. N. 화이트헤드의 조카) 등이 시작하였던 이 노력은 여러 이론과 시행착오, 실패를 거쳐 윌리엄 서스턴과 그리고리 페렐만(1966~)이 상당 부분 해결하였다.

앙리 푸앵카레. 공간의 모양을 연구하는 위상수학을 창시하였다.

생각해 보면 인류 문명은 지난 100여 년간 엄청난 발전을 거듭해 왔다. 사람이 하늘을 날 수 있을까 궁금해하던 시절에서 화성 왕복까지도 계획하는 시대가 되었다. 기계의 계산 속도는 수백만 배가 빨라졌고, 지난 세기의 눈으로는 마법으로밖에 보이지 않을 스마트폰이나 로봇, 레이더도 등장하였다.

　실감하기 어려울지 몰라도, 수학계의 발전도 마찬가지이다. 엄청나게 막막하던 문제들조차도 하나하나 해결되어 나갔다. 이렇게 눈부신 수학적 진보의 정수에 바로 이 질문, 3차원 공간의 분류가 있다. 이 질문에 대한 수학자의 답을 소개하기 위하여 우리는 먼저 2차원 공간을 좀더 자세히 알아보자.

평평한 땅의 모양

　다시 평평한 땅 위로 날아가 보자. 평평인들은 자신의 땅이 구면이기에 유한하면서도 끝이 없다는 가설을 세웠다. 혹시 에라토스테네스가 생각나는가?

　한참 지났고, 탐험가 평평인이 나타났다. 많은 실패 끝에 그 평평인은, 정말 앞으로만 가도 다시 자기 자리로 돌아올 수 있다는 것을 몸소 보여 주었다. 평평한 땅은 구면일 것이다! 이 가설이 학계의 정설로 굳어 가고 있었다. 아마 이 대목에서 마젤란이나 콜럼버스가 생각날지 모른다.

　평평한 땅에 대한 이론이 바뀌게 된 것은 고성능 망원경을 만들어 낸 발명가 평평인 덕분이다. 이 망원경은 성능이 너무 뛰어나서

평평한 땅이 구면이라면 서로 다른 경로의 빛도 한 점으로 돌아온다.

평평한 땅을 한 바퀴 돌 정도의 거리까지도 보게 해 주었다. 평평
인들은 생각하였다. 우리의 세계는 유한하게 연결되어 있으니까,
망원경으로 주위를 둘러보면 우리의 모습이 다시 보이겠군. 어느
방향으로 나아간 빛도 다시 돌아올 테니.

과학적 사고에 뛰어난 평평인들은 여기서 더 나아가 관측의 결
과를 자세하게 예측하였다. 다음 그림처럼, 북극에 사는 평평인
의 눈에서 나간 두 방향의 빛은 적도에서 가장 멀어지고 남극에
서 한번 만난다. 그리고 계속 진행한 빛은 다시 북극에서 만나게
된다.

그래서, 앞을 보면 우리의 뒤통수가 확대되어 보이겠군. 어디를
둘러보아도 우리의 모습이 보일 거야. 아마도, 거대한 분지에 휩싸

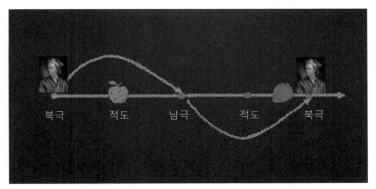

북극에서 출발한 두 빛은 남극과 북극에서 다시 만난다

평평한 땅이 볼록하다면 보일 풍경

여 있는 것처럼 우리의 모양이 확대되어 보이겠지. 북극에 선 오일러는 자신의 좌우가 뒤집힌 채 보일 거야.

하지만 관측 결과는 달랐다. 두 개의 방향에서는 자신의 모습이

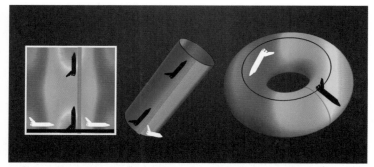

정사각형의 위아래, 좌우를 풀로 붙이면 원기둥을 거쳐서 토러스가 된다.

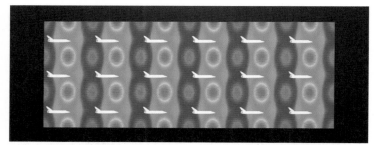

토러스에서 주위를 둘러본 풍경. 자신의 모습이 위아래, 좌우를 따라 계속 반복된다.

다시 보였지만 다른 방향에서 보이는 자신의 모습은 불규칙하였다. 볼록한 공간의 모형으로는 도저히 설명할 수 없는 모습이었다. 평평한 땅은 평면도 구면도 아니었다.

이때 '토러스 평평인'은 새로운 이론을 제시하였다. 이 세상은 정사각형과 같은데, 윗변은 아랫변과, 왼쪽 변은 오른쪽 변과 이어져 있다고. 정사각형의 윗변과 아랫변을 풀로 붙인다고 상상하면

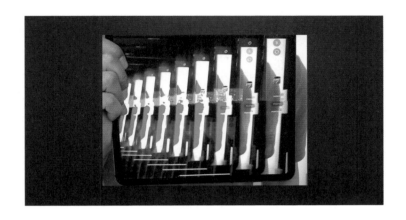

우리는 원기둥을 얻을 것이다. 그리고 다시 원기둥의 아랫모서리와 윗모서리를 풀로 붙이면, 도너츠의 모양을 얻게 된다. 이러한 도너츠의 겉면을 수학자들은 **토러스**라 부른다.

이 토러스에는 두 개의 특별한 방향이 있다. 위로 가는 것과 옆으로 가는 것. 두 방향 모두 원래의 위치로 돌아간다. 빛의 경로도 마찬가지여서, 이 두 개의 방향을 따라 자신의 모습이 계속 반복된다. 충분히 성능만 좋다면, 망원경에서는 자신의 모습으로 가득 채워진 평면의 모습이 보일 것이다.

사실, 그렇게 생소한 풍경만은 아니다. 독자도 두 개의 거울 사이에 서게 되면 자신의 모습이 무한하게 나타나지 않는가? 아니면, 위 사진처럼 태블릿 피시를 들고 셀프 카메라를 찍어 보아도 마찬가지이다.

이러한 이야기가 탁상공론으로만 들린다면, 다시 우리 인간의 세계로 돌아와 보자. 유한한 우주의 모양을 상상할 수 있는가? 아주아주 멀리 간다면 우리는 껍데기에 부딪힐 것인가? 존재하는 모든 것을 포함하는 것이 우주라면, 그보다는 껍데기 없이 원래의 자리로 돌아올 것이라 예상하는 것이 자연스럽다. 수학의 눈으로 보자면 하늘의 어떤 특정한 점을 확대했을 때 우리의 뒤통수가 보일 수도 있는 것이다. 아니면 아인슈타인의 중력 렌즈(10장)처럼 우리 지구의 모습이 다양한 크기로 하늘의 곳곳에 다시 보일 수도 있다!

알고 보면 너무나 많은 2차원 공간

무한히 반복되는 모습에 대한 이야기가 무언가 익숙하지 않은가? 사실 앞에서 이야기한 17개의 벽지무늬도 같은 맥락이다. 우리는 8장에서 '*2222'로 표현되는 벽지무늬를 소개하였다. 이 그림은 우리 주변에서도 볼 수 있다. 네 개의 거울벽으로 둘러쌓인 방에서 보이는 풍경이다. 벽이 잘 닦여진 엘리베이터를 탈 기회가 있다면 확인해 보기 바란다.

이렇게 평평인이 사는 곳이 사실은 보이지 않는 단 네 개의 거울로 둘러싸인 곳일 수도 있다. 어떠한 벽도 없어 마치 이상한 나

평평한 땅이 *2222 벽지무늬라면

라의 앨리스처럼 거울을 넘나들 수 있는 세상. 눈에는 위와 같은 세상이 보일 것이다.

이렇게 구면이나 토러스가 아니어도 유한한 2차원 공간은 얼마든지 있다. 예를 들어, 두 개의 토러스가 뽀뽀하도록 만들어 생기는 손잡이 2개짜리 곡면도 있다.

이러한 곡면에서는 어떤 풍경이 보일까? 빛은 구면이나 토러스보다 훨씬 더 복잡하게 뻗어나간다. 조금 정확하게 표현하자면 10장에서 '오목한 공간'이라 표현한 것처럼 조금만 빛의 방향이 틀어져도 그 경로의 차이가 기하급수적으로 벌어진다. 평평인들이 사

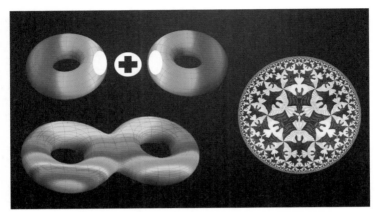

평평한 땅이 오목할 때의 풍경

는 곳이 이러하다면, 그들 눈에는 에셔가 형상화했던 쌍곡곡면의 풍경이 보이게 된다.

이렇게 평평한 땅을 상상함으로 우리는 2차원 공간에 대하여 점점 알아갈 수 있다. 사고 실험이라 부를 수도 있고, 눈을 감고 보는 연습이라 생각해도 좋겠다.

뫼비우스의 띠

이제 소개하는 평평한 땅의 일화는 조금 더 허황된 상상으로 들릴지도 모르겠다. 어느 날 평평한 땅에서는 놀랍게 빠른 우주선을 개발하였다. 이 우주선을 타고 평평인들은 곳곳을 탐험하고 돌아오곤 하였다. 아주 멀다고 생각한 곳으로 가는 지름길을 찾기도 하고, 직진만 하여도 원래의 방향으로 돌아오는 여러 개의 방법을 찾아내었다.

그러던 와중에 아주 멀고 어두운 곳을 탐사하고 돌아온 평평인이 있었다. 언뜻 멀쩡해 보이는 이 탐험가를 다른 평평인들이 큰 강당에 초청하여 강연을 부탁하였다. 그런데, 탐험가가 칠판에 분필로 쓴 글자는 모두 좌우가 뒤바뀌어 있었다!

평평인들은 당황하였다. 무슨 일이 생긴 것이 틀림없어. 긴급히 병원에서 진단을 해 보니 신체 능력에는 변화가 없지만 그 구조에 중요한 차이가 발견되었다. 심장이 오른쪽에 있고, 좌뇌와 우뇌의 기능도 정확하게 뒤바뀌어 있던 것이다.

불가사의하게 들리는 이 사건의 실마리는 (역시 그들 눈에 볼 수는 없는) '뫼비우스의 띠'라는 2차원 공간에서 찾을 수 있었다.

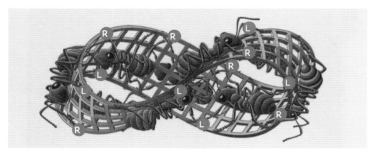

M. C. 에셔, 〈뫼비우스의 띠〉

쌍곡평면을 다룰 때에도 소개되었던 M. C. 에셔의 그림이다. 여기에는 뫼비우스의 띠와 그 위를 기어 다니는 개미가 그려져 있다. 우리는 개미의 왼쪽 발자국과 오른쪽 발자국에 L과 R 표시를 하였다.

뫼비우스의 띠는 단지 보통의 머리띠를 한 번 꼬아 만든, 별것 아닌 모양으로 치부할 수도 있다. 그런데 이곳에서는 여러 가지 신기한 현상이 나타난다. 한번 개미의 발자국을 따라가 보자. 왼발, 오른발, 왼발, 오른발… 반복하다 한 바퀴를 돌아오면 어떻게 될까? 왼발이 찍혔던 부분에 개미의 오른발이 가게 된다. 물론 개미는 반대 면에 있게 되지만.

이런 당연한 이야기가 평평한 땅의 고등생명체, 평평인들과 무슨 상관일까? 앞서 한 이야기를 복기하자면, 이 평평인들은 저 위의 개미처럼 종이 위에 사는 존재가 아니다. 그들은 완전히 2차원

적이어서, 종이 앞면과 뒷면 사이에 살고 있다. 그래서 개미처럼 한 바퀴를 돌고 오면, 자신의 왼손이 오른손이 되는 것이다(이는 여러분들도 거울을 볼 때마다 생기는 현상이다).

저 탐험가도 비슷한 경험을 한 것으로 추청해 볼 수 있다. 뫼비우스 띠를 한 바퀴 돌아온 것처럼 왼손이 있던 자리에 오른손이 있게 된 것이다. 평평인들은 치료법 또한 곧 고안해 내었다. 탐험가를 같은 뫼비우스 띠 경로로 한번 더 다녀오도록 하였더니 모든 것이 정상으로 돌아왔다.

혹시 우주에도 이런 뫼비우스 띠 경로가 있을까? 우주선을 타고 어딘가를 다녀오면 이 세상 모든 글자가 거꾸로 보이게 되는 일이 생길 수 있을까? 상상에 불과한 이야기들이지만, 수학적으로는 모두 '공간의 분류'라는 위대한 문제를 향해 나아가는 필수적인 과정이다.

3차원 우주의 분류

평평한 땅에서의 상상은 이렇게 끝이 없다. 그 종류가 얼마나 많은지, 풍경에는 어떤 규칙이 있는지… 이 많은 질문을 뒤로하고 조금 성급하지만 이제 3차원의 세계로 넘어가 보자. 우리의 우주가

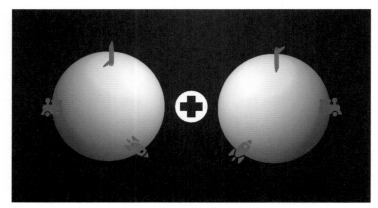

3차원 구의 모습

유한하면서도 껍데기가 없다면, 무슨 모양일까?

이에 대한 리만의 제안은 '3차원 구'였다. 무슨 소리일까? 먼저 두 개의 속이 꽉 찬 공을 생각해 보자.

우주를 두 개의 영역으로 나누어 상상하자. 왼쪽 공과 오른쪽 공. 거기에 더불어, 2차원 구면인 두 개의 경계면은 정확하게 동일한 공간이라 상상한다. 왼쪽 공의 북극점을 뚫고 나오는 순간 오른쪽 공의 북극점을 뚫고 들어가는 것이다. 이렇게 얻어지는 공간 **'3차원 구'**는 껍데기 없이 유한한 공간이다. 2차원 구면의 경우처럼, 먼 곳에서는 우리 자신의 모습이 마치 거인처럼 우리를 둘러싸고 있는 것처럼 보일 것이다. 아마 우주가 가장 단순한 3차원 공간이라는 믿음으로 리만은 이와 같은 제안을 하지 않았을까 상상해

3차원 토러스의 모습. 좌(자작), 우(위키피디아)

본다. 이는 아인슈타인이 처음 상상했던 우주의 모양이기도 하다.

한편, 19세기 말에 펠릭스 클라인이 제안한 우주의 모습은 '3차원 토러스'이다. 이는 2차원 토러스에 하나의 방향을 추가하여 얻어지는 공간인데, 이제는 정사각형 대신에 하나의 정육면체 모양을 생각하고 위아래, 좌우, 앞뒤의 면이 같다고 두어 얻어지는 공간이다. 이 속에서 보이는 풍경은 역시 자신의 모습이 무한히 반복되는 위 그림과 같은 모양이다.

그리고 우리의 우주가 오목한 공간일 수도 있다. 우리가 2차원 쌍곡평면을 상상했던 것처럼, 3차원에서도 역시 두 방향으로 가는 빛이 다시 만나거나(볼록), 시간에 비례하여 늘어나거나(평평), 기하급수적으로 멀어질 수도(오목) 있는 것이다.

오목한 3차원 공간. 좌(자작), 우(위키피디아).
정십이면체로 가득 메워진 우주 속의 풍경이다.

만일 3차원 공간이 오목하다면 그 모양은 훨씬 더 복잡할 것이다. 헤르베르트 사이페르트(1907~1996)와 콘스탄틴 베버(1885~1976)는 정십이면체 모양의 우주를 상상하였는데, 12개의 면을 잘 이어 붙이면 껍데기 없이 유한하면서 오목한 우주를 만들 수 있다.

공간 속에 빠져들기

여기에 소개한 것 외에도 3차원 공간은 얼마든지 많이 있다. 앞서 소개한 서스턴이라는 수학자는 이렇게 볼록한 공간(리만), 평

평한 공간(클라인), 오목한 공간(사이페르
트-베버) 외에도 크게 5가지의 모양이 더
있다는 것을 증명하였다. 이러한 여덟 개의
공간을 수학자들은 '서스턴 기하학'이라 부
른다.

월리엄 서스턴

  20세기 가장 위대한 수학자 중 하나로 꼽
히는 서스턴은 특히 우리의 시신경을 이용
한 수학을 중요하게 생각하였다. 우리가 3차원 공간에 빠져 들어
갔다고 상상하고, 그때 보일 만한 모습을 눈앞에 그려 보라는 것이
다. 이 책의 많은 부분도 이러한 조언의 영향을 받아 쓰여졌다.

  이러한 과정이 그의 수학적 깊이를 더해 주었고, 결국 모든 3차
원 공간은 8개의 서스턴 기하학 중 하나로 설명 가능하다는 '기하
화 추측'의 중요한 부분을 완성한다. 그리고 이 기하화 추측은
2000년 대 초 그리고리 페렐만에 의하여 완전하게 풀린다. 마지막
으로 2012년, 미국의 수학자 이안 아골(1970~)은 이를 이어받아
3차원 공간을 완벽하게 분류하게 된다.

  이렇게 1900년대 초 푸앵카레에서 시작한 3차원 공간에 대한
의문은 100여 년에 걸쳐서 결국 완전하게 해결된다. 다만 이러한
이론은 천문학자의 관점에서는 점점 멀어지게 되었다. 아마도 그
이유는 우주에 관측이 불가능한 영역이 매우 많이 있기 때문일 것

이다. 블랙홀로 가려지기도 하고, 우주의 팽창 때문에 빛이 따라가지 못하기도 하고. 그래서 관측 불가능한 영역에 대한 실증적인 이해는 시기 상조인 것도 사실이다.

그럼에도 불구하고 수학자들이 100여 년간 이어 온 이 상상의 날개는, 자유롭게 훨훨 날아 우리 생각의 지평을 확장시켜 주었다. 상대적으로 보자면 우주 안에 있는 우리는 티끌보다도 더 작은 존재이다. 이렇게 작은 인간들이 오직 생각의 힘과 지식의 축적만으로 우주와, 이를 넘어서는 공간의 질서를 찾아내고 있다는 것이 놀라울 뿐이다.

서스턴의 천재성에 대하여서는 수많은 일화가 전한다. 작은 대학에 다니며 별다른 지도 없이 독서를 즐기던 그는 박사과정에 들어가 곧 연구를 시작하였다고 한다. 대학원에 들어가 정한 첫 연구 주제는 발엽 이론인데, 이는 이파리의 무늬처럼 공간을 분해하는 방법에 대한 연구이다. 대학원생 신분으로 이미 충격적인 논문을 여럿 출판하자, 많은 사람들이 지레 겁먹고 수학에서 중추적인 역할을 하는 이 분야를 아예 떠나 버리게 된다. 서스턴에 따르면, 여전히 중요한 문제들이 있는데도 분야가 고사되어 버리는 결과를 낳았다고 한다.

그 뒤로 깨달음을 얻은 그는 3차원 공간에 대하여 공부할 때마다 강의 등으로 소통은 하되 논문은 쓰지 않았다. 그러자 사람들이 더 열심히 자신을 이해하려 노력하였고 내용은 더 잘 확산되었다고 한다. 그리고, 논문 쓰는 공은 다른 사람이 가져가면서 분야는 활성화되었다고 한다. 성과와 인정에 목말라하는 대다수의 젊은 학자에게는 마치 공상과학 소설 같은 이야기이다.

수학 공부에 대하여 서스턴은 감정의 중요성을 강조하고는 하였다. 수학을 공부하는 것은 때로 흥분되고 놀랍기도 하지만, 종종 지루하고 따분하기도 하다. 그는 이 따분한 내용을 맞닥뜨릴 때마다 이를 다시 재미있게 바라볼 방법을 생각하면서 수학을 공부하였다고 한다.

수학이라는 것은, 어디 지하에 꽁꽁 숨겨진 영원 불멸의 귀금속 같은 것이 아니다. 그보다는 사람에서 사람으로 전해지는 아름다운 노래 같은 것이다. 들을 때는 우리의 호기심을 자극하고, 남에게 전할 때는 함께 이해하는 즐거움을 주는 것.

노래가 아름답지 않으면 아무도 부르지 않을 것이고, 아무도 부르지 않는 노래는 아름다울 수 없다. 지적 호기심과 나눔의 즐거움, 이 두 감정이야 말로 수학을 공부하는 가장 강력한 원동력이 아닐까.

좌충우돌로 시작한 이 책을 끈기 있게 읽으며 퇴고에 도움을 주신 최재진, 김영주, 정진라 님께 깊은 감사를 드립니다. 수학자의 눈으로 피드백을 주신 백형렬, 오희, 장승욱, 정준혁, 조철현 선생님과, 비수학자의 느낌을 전해주신 김동조, 김영석, 김재환, 신지웅, 이석재 선생님 덕분에 조금은 더 읽을 만한 책이 될 수 있었습니다. 언제나 든든한 출발점이 되어 주는 가족, 사랑하는 아내와, 끊임없는 호기심으로 집 안 곳곳을 뒤지며 서문의 영감을 준 딸 이서에게 고마움의 말을 전합니다.

EBS 클래스ⓔ 시리즈 19

수학은 상상

1판 1쇄 발행 2021년 9월 30일
1판 2쇄 발행 2022년 1월 19일

지은이 김상현

펴낸이 김명중 | **콘텐츠기획센터장** 류재호 | **북&렉처프로젝트팀장** 유규오
책임매니저 최재진 | **북팀** 박혜숙, 여운성, 장효순, 최재진
렉처팀 김형준, 김미란, 유지영, 이세라, 이유선| **마케팅** 김효정, 최은영
책임편집 정진라 | **디자인 본문** 최은숙 **표지** 오하라 | **인쇄** 우진코니티

펴낸곳 한국교육방송공사(EBS)
출판신고 2001년 1월 8일 제2017-000193호
주소 경기도 고양시 일산동구 한류월드로 281
대표전화 1588-1580
홈페이지 www.ebs.co.kr | **이메일** ebs_books@ebs.co.kr

ISBN 978-89-547-5966-3 04300
       978-89-547-5388-3 (세트)